Sri Garib Das Oriental Series No.306

The Tāntrik Practices in Śri-Vidyā

S.K. Ramachandra Rao

Sri Satguru Publications
A Division of
Indian Books Centre
Delhi, India

Published by
Sri Satguru Publications,
Indological and Oriental Publishers
A Division of
Indian Books Centre
40/5, Shakti Nagar,
Delhi-110007
India

Email: ibcindia@vsnl.com
Website: http://www.indianbookscentre.com

First Edition : Bangalore, 1990
Second Revised Edition : Delhi, 2005

ISBN 81-7030-836-4

Printed at Chawla Offset Printers, Delhi 110 052

The Tāntrik Practices in Śrī-Vidyā

INTRODUCTION

Srī-cakra has rightly been regarded as the 'prince among cakras' (cakra-rājā). It is the best known and most worshipped among hundreds of sacred designs that are prescribed in the traditional lore. Despite this celebrity, an air of mystery surrounds this cakra. It is even classed among things, the knowledge of which should not be made readily available.

While there is considerable justification for not exposing our religious themes to vulgar gaze and idle curiosity, knowledge about them needs to be made available to the earnest seekers. Details concerning srī-cakra have always been looked upon as precious secrets; but there have always been tracts in Sanskrit seeking to explain the details of the cakra, their significance, the way it is constructed and the manner of its worship. Initiation into its ceremonial worship is, of course, a matter of personal commitment to a competent guru, and must be resorted to in the ritualistic isolation that is prescribed.

The present book carefully avoids the details concerning initiation and the actual worship. They cannot become the subject-matters of a book. But the details of the design itself, the significance of those details, the philosophical framework that renders the details relevant, the prevailing symbolisms, and the nature of the source-material have been explained here, based on authoritative texts and traditional understanding.

I was fortunate to lay my hands on a little book in Sanskrit, but in Telugu characters, that was printed sixty years ago, dealing with srī-cakra in a remarkable and unusual manner. Entitled sāṛadā-catusśatikā. it is a poetical work prepared in Śṛṇgeri and dedicated to the late pontiff Sri-Sri Chandrasekhara-Bhārati- mahāswāmi of sacred memory (who, incidentally was my own revered mentor). Curiously enough, I had seen fragments of the manuscript of this book several years ago, with one of the learned attendants of the late pontiff, and I had made some effort to get at the entire manuscript, but in vain. It was quite a pleasant surprise when this printed book fell into my hands when I was least expecting it.

I have reproduced the original text here, and have appended a running translation of the entire text in English. And this is followed by an elaborate account of the ritualistic and symbolic details of Śri-cakra.

I am grateful to Daivajna Sri K.N. Somayaji, Director of Kalapjaru Research Academy for having brought out this book as a publication of his Academy. I am thankful to Indian Books Centre, Delhi for bringing out this second edition of the book.

Bangalore
January, 2005

S.K. RAMACHANDRA RAO

CONTENTS

- I -

ŚRI-ŚĀRADĀ-CATUŚŚATIKĀ

1. Introduction
2. Sanskrit Text
3. English Version

- II -

ŚRĪ-VIDYĀ

1. *Chapter I* : Yantra of Śrī-Chakra 96
2. *Chapter II* : Mantra of Śrī-Chakra 142
3. *Chapter III* : Tantra of Śrī-Chakra 173

चतुर्भिः शिवचक्रैश्च शक्तिचक्रैश्च पञ्चभिः ।
शिवशक्त्यात्मकं ज्ञेयं श्रीचक्रं शिवयोर्वपुः ॥

ŚĀRADĀ–CATUŚŚATIKĀ

A TĀNTRIK POEM ON ŚRĪ ŚĀRADĀ OF ŚṚṄGERĪ

INTRODUCTION

Śāradā, the presiding deity of *Śṛṅgerī,* is not a form of conventional Sarasvatī, the spouse of Brahmā. The iconography of the metallic image in the sanctum of the shrine there leaves little doubt about its *Śākta* affiliation. But Śṛṅgeri is not included among the traditional Śakti-pīṭhas in the country, and literary references to the mother-goddess in Śṛṅgerī as a Tāntrika divinity are meagre. However, the pontificate in Śṛṅgerī has been associated with Śrī-vidyā at least from the days of Srī Naraiṁh Bhāratī Svāmī. The gurus of this pontificate have been worshippers of Śrī-cakra, and have encouraged this Tāntrika form of worship according to *Dakṣiṇācāra.*

It is, therefore, a pleasant surprise to come across a long poem in Sanskrit dealing with *Śrī Cakra* and addressed specifically to Śāradā of Śṛṅgerī *Śrī Śāradā-catuḥśatī* by Siṁhambhaṭṭula Rāmamūrti Śāstri is a poem of about 480 verses in simple but chaste style, divided into six sections. The first section, styled 'Vijñāpanam' consists of 35 verses, seeking the permission of Śāradā to offer this garland of verses at her feet. The second section is a short one (of 13 verses) introducing the subject-matter (*viz.* identifying Śāradā with the supreme mother-goddess represented in Śrī-cakra) and giving a brief account of the topics dealt with in the four succeeding sections. This section is called 'Prologue to catuḥ-śatī' (*catuḥśatyā avatārikā*).

The poem proper commences from the third section, which is called the 'First centum' (*prathama śatakaṃ*). It deals with an elaborate inquiry into the distinction between consciousness and matter, self and non self (*ātmānātma–vicāraṇaṃ*). The advice offered to the aspirant is to turn his attention into his own interior, for outward tendencies cause bondage and inward orientation makes for happiness :

सुखाभिलाषी पुरुषो बहिर्वृत्तिं विसर्जयेत्।
बहिर्मुखत्वं बन्धाय भवेदन्तर्मुखस्ततः।। (98)

The section also details the basic ideas of Śrī-vidyā like the entire world being in essence spirit, and all illumination being the effect of the spirit, and the mother-goddess being the core of both name and form (verse 23).

The fourth section, called the 'second centum' (*dvitīya-śatakaṃ*) describes the inner reality (*antaraṅga vastunirūpaṇaṃ*) in terms of the '*nāḍīs*' and the '*cakras*' of the human constitution. Outward projection as well as the inward withdrawal alike are said to be the functions of the mind (verse 21), and it is emphasized that great gain is obtained by stilling the mind, for in that state of mind, the mother-goddess reveals herself (v. 23). Further it is explained that when mind is stilled, the consciousness (*buddhi*) becomes alert. The cutting asunder of the three-fold knots of the heart (*granthi*) is also described (verses 36-40). The presence of the knots is construed as dualism, while the cutting asunder of the knots non-dualism (verse 44). The process of inwarḍ-turning of the phenomenal self (*antarmukhī-karaṇa*) is given as the theme of the section in the colophon.

The fifth section is called the 'third centum' (*tritīya śatakaṃ*) and it consists of 115 verses (despite the nomenclature *śatakaṃ*). It elaborates the underlying symbolism of Śrī-Cakra in the Tāntrika framework. The identity of the human constitution in terms of the *cakras* with the aspects of the *yantra* known as Śrī-cakra has been brought out (verses 60-62). The mother-goddess phenomenalizing herself as kuṇḍalinī, and dividing herself into the subtle and gross forms have been dealt with (verses 4-11). The value of the seed-syllables as constituting the alphabet (*mātṛkā*) is inculted in the portion dealing with the identity of the letters of the alphabet with the *Śrī-cakra* (verses 34-59) The nine enclosures of the *Śrī-cakra* are discussed in detail with regard to their nature, constitution, the aspects of the mother-goddess which are located in them, and corresponding centers in the human constitution (verses 63-104). The section is described in the colophon as 'Mātṛkā-śrīcakra-rahasya saṅketa-dhanaṃ'.

The final section, called the 'Fourth centum' (*turīya-śatakaṃ*) is the longest of the sections, consisting as it does of 125 verses. It emphasizes the superior value of internal worship (*antarārādhanā*) which the *samaya*-worshippers prefer (verses 2-3). The four-fold identity of the *guru* and the mother-goddess, of the mother goddess and one's own self, of the mother-goddess and the *mantra*, and of the mother-goddess and Śrī-cakra is the theme that is elaborated here. The creative process by the initial deliberation (*icchā*), the dichotomy of *Śiva* and *Śakti*, the occurrence of speech as *vaikharī, madhyamā, paśyanti* and *turīya* (verses 26-28), the nature of individual soul (*jīva*) as the reflex image of the supreme reality (verses 36-41), and the philosophy of *kāma-kalā* (verses 44-55) have been described. The nature of the transcendental state (*turīya*) is elaborately discussed in the concluding portion of the section.

The outstanding merit of the work is an attempt to intergrate the Tāntrika ideology with the Vedāntic frame of reference. The mother-goddess has been equated with the Brahman and the devotion to the goddess with the liberating wisdom. The technical expressions of Śrī-vidyā have all been neatly accommo- dated within the structure of Advaita metaphysics. The author follows the lead of Bhāskara-rāya in this, but has achieved a greater measure of success.

The work which is principally a philosophical treatise is brimming with the devotional fervour of a devotee. The author looks upon Śāradā of Śṛṅgerī as the supreme reality of the universe, the essential truth within oneself and the ground of all phenomenal transaction. She is not only the Brahman, but also *māyā-* or *mūla- prakṛti,* (1, 17).

The work has been dedicated to Śrī Śrī Candra-śekhara Bhārathī Mahāsvāmi, who was presiding over the Śṛṅgerī pontificate when the work was composed :

अर्पिता चन्द्रमौलीश्वर भारती गुरुसन्निधौ।। (1, 4)

and a reference to him has been repeated :

तुङ्गभद्रानदीतीरेश्रृंङ्गरिर्याश्रमे सदा।
श्रीशङ्कराचार्यनिष्ठा प्रार्थनामोदिता मुदा।।
भारतीचन्द्रमोलीशयतिवर्यसुपूजिता।
श्रीदेवीं पीठराजस्थां शारदाम्बां स्मराम्यहम्।। (2, 2-3)

The date of composition of this work has been given in the concluding verses (5, 124-125) as Thursday the tenth of the bright fortnight of the Āśvayuja month of the year Pramodūta, corresponding to the Śālivāhana-śaka 1852 (*viz.* 1930 A.D.)

शालिवाहनशके नेत्रे (2) भूत (5) वस्विन्दु (81) वत्सरे।
प्रमोदूताश्विवयुङ्मासे शुक्ले च दशमीतिथौ।।
गुरुवारे शारदाम्बा चतुःशतमितं स्तवम्।
सतात्पर्यं च संलिख्य पराशक्त्यै श्रियेऽर्पितम्।।

The author has given some details about himself in the text (5, 122) as well as in the colophons at the end of each chapter. He is the second son of Bhagīratha-rāya of the Kauśika-gotra and the Siṁham-bhaṭṭa family of Andhra Pradesh, and his wife Lakṣmīnarasamāmbā. He was an initiate in the Śrī-vidyā tradition, and he bore the initiatory name Jñānananda-nātha. The name of his tāntrika guru has been given as Satyānanda-nātha, and he has been described as

श्रीपदवाक्यप्रमाणपारावारपारीण सर्वतन्त्रस्वतन्त्र *and* सकलनिगमागमसारज्ञ।

I was fortunate in obtaining some additional pieces of information concerning Satyānanda-nātha, from the 90 year old Śrī-Candraśekhara Bhaṭṭa who was for years the personal attendant of Śrī-Śrī Candraśekhara Bhāratī Mahāsvāmī, and is now residing in Bangalore. According to the information provided by him, Satyā-nanda-nātha was a householder from Guntūr in Andhra Pradesh, who was a staunch devotee of Śrī-*cakra*, and who had settled down in Śṛṅgerī to study Vedānta under Śrī Śrī Sacchidānanda Śivābhinava Nṛsiṁha Bhāratī Svāmī of the Śṛṅgerī pontificate. The Svāmī also was an initiate in Śrī-vidyā and had initiated some householders in Śṛṅgerī' of whom Śrī-Śrīkaṇṭha the administrator (*sarvādhikāri*) of the pontificate, was one, It was this gentleman who initiated the successor of the Svāmī, *viz.* Śrī Śrī-Candraśekara Bhāratī Mahāsvāmī into the worship of Śrī-cakra on the day prior to his ascension on the pontifical seat. Satyānandanatha continued to reside in Śṛṅgerī even after the demise of Śrī Sacchidānanda Śivābhinava Nṛsiṁha Bhāratī; he was often consulted by the young pontiff (Śrī Śrī Chandraśekara Bhārathḥ) on matters relating to Śrī-vidyā. Satyānanda-nātha, however, was familiarly known by his initiatory name; and his actual name had been forgotten by the people.

The book was printed in Telugu characters by the Saubhāgya Press, Bezwada (Vijayavāḍā), along with the author's own explanations (*tātparya*) in Telugu the date of printing could not be ascertained as the copy that I obtained had lost its cover and the first few pages. The printed book runs to 164 pages (180 cm x 120 cm), including a four page errata. But the printing is of poor quality and errors in printing are more numerous than what the errata lists.

There are colophons at the end of the centums, which describe the work as a Vedāntika work (*Śāradā-cautuḥ śatyām brahmavidyāyāṁ*), and which dedicate the work to Śāradā of Śṛṇgerī (*Śṛṇga-giri Śrī Śāradām-bā paradevatārpaṇaṁ astu*'). The work has been styled in the final colophon as 'the prince among hymnal compositions' (*stava-rājā*). And the purpose of the composition is given as 'facilitating easy comprehension by spiritual practitioners' (5, 123);

साधकानां सुबोधाय विरच्य प्रकटीकृतम्।

The initial verses contain the motivation that prompted the author to compose this work.

विज्ञापयामि देवेशि सुप्रीत्याऽऽकर्णयानघे।
त्वच्चारित्रयुतं रम्यं चतुःशतमितं स्तवम्।।1।।

त्वन्नामाङ्कितपूतं च नृणां ज्ञानफलप्रदम्।
त्वत्प्रीतये विरचितं वेदसार मिदं परम्।।2।।

लोकानन्दकरं स्वात्मदेवताप्रीतिदायकम्।
तुर्यतुर्यातीतरूपं त्वाद्यं ब्रह्मस्वरूपकम्।।3।।

साधकानां सुबोध्यं च स्वरूपज्ञानदायकम्।
अर्पिता चन्द्रमौलीश्वर भारतीगुरुसन्निधौ।।4।।

ŚRĪ-ŚĀRADĀ OF ŚṚṄGERI

The late pontif of Śṛṅgeri
ŚRĪ ŚRĪ CHANDRAŚEKHARA-BHĀRATĪ-SVĀMI
To Whom the Work is dedicated

॥ शुभमस्तु ॥

श्री गणेशाय नमः

श्री शारदाम्बायै नमः

श्रीशारदाचतुःशतीस्तवम्

ज्ञानानन्दनाथविरचितम्

विज्ञापनम्

विज्ञापयामि देवेशि सुप्रीत्याऽऽकर्णयानघे।
त्वच्चारित्रयुतं रम्यं चतुःशतमितं स्तवम्॥1॥

त्वन्नंमाङ्कितपूतं च नृणां ज्ञानफलप्रदम्।
त्वत्प्रीतये विरचितं वेदसारमिदं परम्॥2॥

लोकानन्दकरं स्वात्मदेवताप्रीतिदायकम्।
तुर्य तुर्यातीतरूपं त्वाद्यं ब्रह्मस्वरूपकम्॥3॥

साधकानां सुबोध्यं च स्वरूपज्ञानदायकम्।
अर्पिता चन्द्रमौलीश्वरभारतीगुरुसन्निधौ॥4॥

ऐहिकफलदातारः कृतिपतयः सन्ति राजानः।
परमकौवल्यदात्री भुक्ति मुक्तिं च यच्छति॥5॥

इति बहुधा जल्पन्ति श्रुतयः कवयोऽपि मातस्त्वाम्।
तव चरणाम्बुजयुगलौ व्रजामि शरणं भवभीरुः॥6॥

मातस्त्वां याचयितुं किं परमं चाञ्चकं वरं याचे।
कोऽहं कथमागतवान् भगवति बन्धमुक्त ते कस्य॥7॥

इत्यहमर्थस्त्वादौ विचारितस्तव स्मरणात्।
स्थूलं सूक्ष्मं कारणमहमिति भ्रान्तोऽस्मि चाज्ञानात्॥8॥

अलिरस्कं हकारान्तं अशेषाकारसंस्थितम्।
अजस्रमुच्चरन्तं स्वं तमात्मानमुपास्महे।।9।।

अकारः सर्ववर्णाग्रय प्रकाशः परमः शिवः।
हकारोऽग्निर्विमर्शा प्रकीर्तिता।।10।।

अनयोःसामरस्यं तु अहमित्यभिधीयते।
एवं विचारिते तत्त्वे अहमर्थस्त्वमेव हि।।11।।

आत्ममन्त्रस्वरूपं तु अहमित्यभिधीयते।
आत्मा तु सर्वभुतेषु दृश्यते जलचन्द्रवत्।।12।।

आत्मा त्वमेव देवोशि त्वमहं परिकीर्त्यते।
यत्राहं तत्र देवि त्वं तत्र चाप्यहम्।।13।।

प्रत्याहारन्यायतश्चाप्यनयोर्नित्यसंनिधिः।
अनयोरन्तरं किञ्चिन्नास्ति तत्वे विचारिते।।14।।

त्वन्मायावशगाः सर्वे अयःकान्तेन लोहवत्।
अहं ममेति भेदज्ञाः भ्रमन्ति घटयन्त्रवत्।।15।।

त्वं परास्थानगा नित्या वैखरीमाश्रितोऽह्यहम्।
पश्यन्ती तु पराशक्तेः छायारूपेण भासते।।16।।

सैव मायेति विख्याता सृष्टिस्थित्यन्तकारिणी।
मूलप्रकृतिरित्यन्ये अव्यक्तमूिति चापरे।।17।।

अव्यक्तमातृकारूपा तस्यमादव्यक्तमुच्यते।
मायेति ब्रह्मवेत्तारस्त्वद्भक्तास्त्वामुपेक्षते।।18।।

पश्यन्त्याः मध्यमाजाता मध्यमा वैखरींगता।
पञ्चाशद्वर्णभेदेन प्रविभक्ता विराजते।।19।।

आद्यान्तवर्णसंयोगादक्षरा मध्यगा स्मृता।
अक्षरं ब्रह्मतत्त्वं स्यान्नाशाभावात्तथोच्यते।।20।।

त्वं चाहं च शिवे नित्यं वैखरीमध्यसंस्थितौ।
परैव वैखरीरूपा विश्वं सर्वं त्वमेव हि।।21।।

मातृकाद्यान्तवर्णौ द्वौ अग्नीषोमात्मकौ ह्यहम्।
अग्नीषोमात्मकं चक्रमग्नीषोमात्मकं जगत्।।22।।

कला प्रत्याहाररीत्या चाहमित्यक्षरद्वये।
निखिलो मातृकायोगे दृश्यते सर्वदा शिवे।।23।।

अहमेव जगत्सर्वं ज्ञाते तत्त्वे यथार्थतः।
कस्य कामाय कं याचे साक्षिभूतोऽहमव्ययः।।24।।

उपाधिवशतो देवि प्रतिबिम्बो विराजते।
मायोपाधिवशोऽहं हि बिम्बभूता त्वमम्बिके।।25।।

प्रतिबिम्बित चन्द्रेण क्रीडते मोदते शिशुः।
प्रतिबिम्बस्तु मिथ्येति तत्त्ववित्तमुपेक्षते।।26।।

बिम्बभूतां परां ज्ञात्वा नित्यं ब्रह्मणि मोदते।
एवं विचारिते तत्त्वे दुरहन्ता निवर्तते।।27।।

बन्ध्यापुत्रवदाभाति ह्यहंभावो विचारिते।
वरं वरयितुं मातर्न जाने श्रेय उत्तमम्।।28।।

त्वं माता तव पुत्रोऽहं त्वं परा वैखरी त्वहं।
विचार्य मातः पुत्रत्वं यथायोग्यं तथा कुरु।।29।।

त्वन्नमाङ्कितपूता च त्वच्चारित्रेण संयुता।
तत्त्वज्ञानाय सर्वेषां शारदाम्बाचतुःशती।।30।।

आचन्द्रतारकं सूर्यतेजोवत्प्रतिभासताम्।
व्याप्य सर्वत्र तिष्ठेदित्याज्ञां देहि शिवे परे।।31।।

बालभावेन विस्मृत्य यद्यदाचरितं मया।
करणत्रयजं मातरपराधं क्षमस्व तत्।।32।।

ब्रह्मापरोक्षवृत्तित्वं ब्रह्मभावं च शाश्वतम्।
सर्वेषां सुखमायुष्यं त्वद्भक्तिं देहि भारति।।33।।

सिंहभट्ल सुवंश्येन राममूर्तिमनीषिणा।
विज्ञाप्य शारदाम्बायै अर्पितैषा चतुःशती।।34।।

शरणं तरुणेन्दुशेखरः शरणं मे गिरिराजकन्यका।
शरणं पुनरेकतावुभौ शरणं नान्यमुपैमि दैवतम्।।35।।

।। श्रीरस्तु ।।०।। स्वस्त्यस्तु ।। सर्वं श्रीपरदेवतार्पणमस्तु ।।०।।

॥ चतुःशती अवतारिका॥

शारदा यस्य जिह्वाग्रे कराग्रे हृदयाम्बुजे।
ननर्ति शक्तिरूपेण तं वन्देऽहं गजाननम्॥1॥

शृङ्गभद्रा नदीतीरे शृङ्गगिर्याश्रमे सदा॥
श्रीशङ्कराचार्यनिष्ठा प्रार्थनामोदिता मुदा॥2॥

भारतीचन्द्रमौलीशयतिवर्यसुपूजिताम्।
श्रीदेवीं पीठराजस्थां शारदाम्बां स्मराम्यहम्॥3॥

शारदे त्वां चतुःशत्या संस्मरामि जगन्मयीम्।
सहस्रारम्बुजारूढां सच्चिदानन्दरूपीणीम्॥4॥

सर्वशक्ति परं ब्रह्म द्वैरूप्यमगमत्पुरा।
शुद्धंशबलमित्याहुः शबलस्तु चतुष्पदम्॥5॥

सगुणे ब्रह्मणि परं चतुष्पादत्वकल्पनम्।
पादत्रयं जगद्रूपं तुरीयं चिन्मयं स्मृतम्॥6॥

कलाचतुष्कं सर्वत्र तुर्यतुर्या पराम्बिका।
प्रथमा शुद्धविद्या च ईश्वरस्तु द्वितीयकः॥7॥

सदाशिवस्तृतीयः स्यात्तुर्यतुर्या पराम्बिका।
एवं चतुर्थपादस्य चतुष्कस्तु कलामयम्॥8॥

चतुःशतमयत्वेन भाति सा चिन्मयी परा।
वैखरीरूपतां याता भक्तपालनतत्परा॥9॥

निर्गुणब्रह्मणो देवि न किञ्चिदपि कल्पनम्।
प्राकृतानां सुबोधाय निर्मितैषा चतुःशती॥10॥

कलात्रयं प्राकृतस्तु तुरीयं चिन्मयं स्मृतम्।
चतुष्कलात्मकां याति शारदीया चतुःशती॥11॥

आत्मानात्मविचारस्तु प्रथमे शतके स्मृतः।
द्वितीयेऽन्तर्मुखत्वं च तृतीये मातृका स्मृता॥12॥

तुरीये तुर्यविवृतिं तदतीतं च वर्णितम्।
मन्दोप्यस्यानुसन्धानात् सर्वज्ञो भवति ध्रुवम्॥13॥

॥ इति शारदा चतुःशती अवतारिका ॥

॥ प्रथमशातकम् ॥

श्रीरूपा या कला नित्या सर्वेषां प्राणरूपिणी।
पूर्णा परा पराकारा सा पायाच्छारदाम्बिका॥1॥

शरच्चन्द्रनिभास्या या करुणार्द्रविलोचना।
शुककोकिलवाणी या सा पायाच्छारदाम्बिका॥2॥

वीणालङ्कृतपाणी सा मालापुस्तकधारिणी।
मुक्ताहारलसत्कन्धा सा पायाच्छारदाम्बिका॥3॥

मुखचन्द्र सुधापूर्णकुचकुम्भविराजिता।
या हि सर्वजगन्माता सा पायाच्छारदाम्बिका॥4॥

पूर्णामृतरसे मग्ना कम्बुग्रीवाभिशोभिता॥
मन्दस्मितमुखाम्भोजा सा पायाच्छारदाम्बिका॥5॥

रत्नकिङ्किणिकारम्यमेखला प्रविराजिता।
कौसुम्भस्रमालाढ्या सा पायाच्छारदाम्बिका॥6॥

रक्तशुक्लप्रभापूरलसत्पादयुगाञ्चिता।
नतभक्ततमोभानुः सा पायाच्छारदम्बिका॥7॥

या चिद्रूपा पराकारा सर्वहृत्पद्मवासिनी।
हृत्पद्मस्थितमह्मण्डा सा पायाच्छारदाम्बिका॥8॥

अम्बा पदाम्बुजोद्भूत प्रारुण्यरपूरितम्।
सर्वारुणं जगद्भाति तन्मयत्वं प्रतीयते॥9॥

भक्तमानसमालिन्यतमसां भास्करायतम्।
शारदे तव पादाब्जं सर्वलोकशरण्यकम्॥10॥

त्वत्पादजनितानेकमयूखेषु प्रधानकैः।
मण्डलत्रितयं भाति तद्भासा भास्यते जगत्॥11॥

कल्पिता कालकलना मण्डलत्रयरूपतः।
तस्मात्कालत्रयास्तित्वं राजते तव शारदे॥12॥

त्वायि सर्वं जगद्भाति त्वं सर्वत्र प्रदृश्यसे।
सत्ता मात्रं तु सर्वत्र जीवभावं त्वमेव हि॥13॥

सहस्त्राराम्बुजारुढा बिन्दुमण्डलवासिनी।
या चिद्रूपा पराकाशे सा साक्षिण्यभिधीयते॥14॥

चिदाकाशस्वरूपा या यदाधारमिदं जगत्।
परापरा निराकारा सा सर्वत्र प्रकाशते॥15॥

दृश्यं ह्यदृश्यतां नीत्वा या दृष्टा चिन्मयाकृतिः।
सर्वं चिन्मयतां याति चिन्मयी शारदाम्बिका॥16॥

त्वन्मायाकल्पितं सर्वं सत्यवद्भाति सर्वदा।
त्वज्ज्ञानेन जिता माया सर्वं चिन्मयतां व्रजेत्॥17॥

त्वां विस्मृत्य जनो बद्धः त्वज्ज्ञानान्मुच्यते सदा।
त्वमेव मुक्तिरूपा हि नित्या ब्रह्मस्वरूपिणी॥18॥

दुरहङ्कारयुक्तानां दुर्जनानां सुदूरगा।
सज्जनानां समीपस्था सर्वं व्याप्य विराजते॥19॥

यां ज्ञात्वा योगिनः सर्वे तरन्ति भवसागरम्।
चिन्मयी च परा सा हि सर्वं व्याप्य विराजते॥20॥

तपोदानं च यागश्च पुण्यकर्मादयोऽपि च।
त्वत्ज्ञानाय प्रकल्प्यन्ते ज्ञानं सर्वफलं स्मृतम्॥21॥

वस्तुस्वरूपमज्ञात्वाऽऽन्यथा भावनं च यत्।
तदज्ञानमिति प्रोक्तं ज्ञानं तत्त्प्रबोधनम्॥22॥

चिन्मयं जगत्सर्वं चित्या सर्वं प्रकाशितम्।
नामरूपे जगद्रूपे तयोःसत्ता तु शारदा।।23।।

सत्ताशून्ये सर्वनाशो नामरूपे लयं गतौ।
सत्तामात्रप्रधानत्वात्तद्ब्रह्मेति विनिश्चयः।।24।।

सत्ताशक्तिरिति प्रोक्ता प्राणजीवादिसंज्ञिता।
ब्रह्मैव शक्तितां याति तज्ज्ञानान्मुंच्यते नरः।।25।।

स्वभक्तानां तु हृद्देशे बुद्धिरूपेण सर्वदा।
शारदा विमला भाति सर्वं व्याप्य विराजते।।26।।

सर्वेन्द्रियगता शान्ता सत्तामात्रेण संस्थिता।
तां न जानाति मूढात्मा सत्ताहीनं जडं भवेत्।।27।।

स्वान्तस्थमात्मरूपं तु न ज्ञावा भ्राम्यते नरः।
कण्ठस्थमणिमज्ञात्वा लोके भ्रमति दुर्मतिः।।28।।

यन्मायावशगाः सर्वे भ्रमन्ति विवशा नराः।
आत्मतत्वपरिज्ञानात्तन्माया लयमाप्नुयात्।।29।।

स्वप्रकाशात्मरूपं तु यावन्न ज्ञायते नरैः।
तावद्भ्रमन्ति संसारे ज्ञाते तत्वे विमुक्तां।।30।।

यद्भासा भासते सूर्यो यद्भासा भास्यते जगत्।
स्वान्तःस्थज्योतिरूपा सा स्वप्रकाशा तदुच्यते।।31।।

या ब्रह्मेति ब्राह्मणानां योगिनां ज्ञानरूपिणी।
कर्मणां फलदात्रीति सर्वरूपा हि शारदा।।32।।

सर्वदेवमयी या हि सर्वमन्त्रस्वरूपिणी।
सर्वकर्मस्वरूपा च सर्वलोकमयी तथा।।33।।

अरूपा च स्वरूपा च सगुणा निर्गुणा तथा।
नामरूपातिरिक्ता च सत्तामात्रा चिदात्मिका।।34।।

नामरूपेण या माति जगदाकारतां गता।
तस्यां चैतन्यता सा हि तदभावे जडाकृतिः।।35।।

नामरूपे परित्यज्य सत्तां संवित्स्वरूपिणीम्।
ज्ञात्वा मर्त्योऽमृतो भूत्वा ब्रह्म संपद्यते तदा।।36।।

दृश्यं सर्वं गुणमयं निर्गुणं न विलोक्यते।
ज्ञानदृग्गोचरं ब्रह्म तत्त्वं स्यात्सत्तामात्रेण भासते।।37।।

यस्यां निद्रादिकावस्थाः कल्पिता न स्वभावतः।
अवस्थात्रयवेत्री सा चिदाकारा हि शारदा।।39।।

तस्मान्नित्यत्वमापन्नं सर्वदा साक्षिसम्भवात्।
असङ्गत्वं साक्षिणः स्यात्तच्चिद्रूपमितीर्यते।।40।।

आनन्दादेव जायन्ते आनन्दो जीवनौषधिः।
आनन्दे प्रविलीयन्ते तस्मादानन्दरूपिणी।।41।।

त्रिपुटीरूपतां याता तां प्रभासयते सदा।
यस्मात्रिरूपतां याता शारदा त्रिपुरा ततः।।42।।

मनो बुध्द्यादयो भावाः ज्ञानकर्मोन्द्रियादयः।
यस्यां वै कल्पिताः सर्वाश्चिद्रूपा सा विराजते।।43।।

सर्वाधारतया यास्ति अस्तीतिवदगोचरा।
सर्वत्र सत्त्वरूपा सा चिद्रूपा शारदाम्बिका।।44।।

अन्तरिन्द्रियरूपेण आत्मा द्रष्टा स्थितः सदा।
द्रष्टुर्द्रष्टुरभावेन ह्यात्मा सर्वं प्रदृश्यते।।45।।

एकापि बहुधा भाति दृश्यते जलचन्द्रवत्।
मायोपाधिवशादेव ह्येका स्यादनेकधा स्थितिः।।46।।

तथैवात्मा ह्येकरूपो जीवत्वं मायिकं स्मृतम्।
आत्मानं न स्पृशेत् क्वापि जीवजं कर्मणां फलम्।।47।।

जलोपाधिवशाज्जातं चलनादिकमात्मनः।
बिम्बभूतस्य नास्तीति संप्रधारय सर्वदा।।48।।

एकात्मा बिम्बभूतः सन् सर्वं व्याप्य विराजते।
अनात्मनि नामरूपे बहुधा दृश्यते जगत्।।49।।

जडाकारतया भाति नामरूपात्मकं जगत्।
तस्माच्चैतन्यरूपा सा चिद्रूपा शारदाम्बिका।।50।।

आत्मा न नभसः पृष्ठे न नासाग्रे न चान्यतः।
आत्मा प्रज्ञानरूपो हि साक्षिरूपेण राजते।।51।।

प्रज्ञानं ब्रह्म चेत्याहुः सर्वे ब्रह्मविदो जनाः।
प्रज्ञानमेव चैतन्यं चितो धर्मस्वरूपकम्।।52।।

स्वस्वरूपमजानद्भिर्मिथ्यान्वेषकैर्जनैः।
नात्मरूपं भवेद्बुद्धं कल्पकोटिशतैरपि।।53।

न लभ्यते ह्यात्मरूपं वाञ्चितास्ते हि मायया।
आत्मा सर्वत्रगो नित्यः सर्वं जानाति तेन हि।।54।।

ज्ञातुर्ज्ञाता न सिद्ध्येत् द्रष्टुर्द्रष्टा तथैव हि।
स एव साक्षी ज्ञाता च ह्यात्मा तथैव हि।।55।।

स्वस्वरूपस्तु चिन्मात्रं सर्वदा सर्वदेहिनाम्।
नैव देहादिसङ्घाते घटवद् दृशि गोचरः।।56।।

द्रष्टृदर्शनदृश्यानां विरामो यत्र जायते।
स्वस्वरूपं तदेव स्यात् साक्षिरूपेण तिष्ठति।।57।।

शरीरत्रयकृत्यानां साक्षिरूपेण या स्थिता।
तुर्यरूपा हि सा भाति चिद्रूपा परदेवता।।58।।

येन सर्वं विजानाति यदाधारमिदं जगत्।
तदेव ब्रह्मतत्त्वं स्यात्तत्स्वरूपमितीर्यते।।59।।

स्वस्वरूपपरिज्ञानाच्चित्स्वरूपं विजानते।
यत्स्वरूपं हि पूर्णत्वं तद्ब्रह्मेति विचारय।।60।।

जीवो ब्रह्मैव नान्यस्तु न तयोरन्तरं क्वचित्।
कुट्मलं पुष्पतां याति जीवो हि ब्रह्मतां गतः।।61।।

बृहत्वाद्बृंहणत्वाच्च ब्रह्मेति परिकीर्त्यते।
ब्रह्माकारतया भाति चराचरमिदं जगत्।।62।।

अहं ब्रह्मेति विज्ञानान्मुच्यन्ते सर्वदेहिनः।
नाहं ब्रह्मेति बद्ध्यन्ते मनोमात्रेणा तौ स्मृतौ।।63।।

सर्वं ब्रह्मेति विज्ञानमुत्तमं सर्वसम्मतम्।
सर्वसङ्कल्पराहित्यं तद्ब्रह्मत्वं प्रकीर्तितम्।।64।।

सङ्कल्प एव बन्धः स्यात्सङ्कल्पाद्द्वैतसम्भवः।
असङ्कल्पाद्भवेन्मुक्तिः सङ्कल्पं वह्निवद्दहेत्।।65।।

चित्तमेव हि सङ्कल्पं मनोमात्रपथे स्थितम्।
चित्तं निश्चिन्तमादध्यान्मनोनाशः स उच्यते।।66।।

वृत्तिरेव हि सङ्कल्पो मनोरूपः स एव हि।
वृत्तिनाशो मनोनाशो निर्मनो मुक्तिरेव तत्।।67।।

मनोमात्रौ बन्धमोक्षौ सुखदुःखादिकं तथा।
मनोनाशो सर्वदुःखविच्छेदो मुक्तिसम्भवः।।68।।

मनसो मुक्तता मुक्तिः मनोयुक्तिस्तु बन्धता।
असङ्कल्पमात्रेण निर्मनस्त्वं प्रजायते।।69।।

असङ्कल्पनमात्रेण आत्मलाभो भविष्यति।
तस्मादेव जगत्सर्वं ब्रह्माकारेण भासते।।70।।

सङ्कल्पवर्जनं त्याग इति त्यागविदो जनाः।
वदन्ति बहुधा तं तु सर्वत्यागं प्रचक्षते।।71।।

ब्रह्मज्ञाने साधनं तु सर्वत्यागं प्रचक्षते।
सङ्कल्पनत्यागतो हि सत्यागस्य सम्भवः।।72।।

मनोऽभावाद्बलं बुद्धेरेकाग्रत्वं प्रपद्यते।
चिदालम्बनतो बुद्धेश्चिदानन्दः प्रजायते।।73।।

मनोमात्रमिदं द्वैतमद्वैतं तस्य शून्यता।
मनोरूपं तु मायेव द्वैतं मिथ्या ततो भवेत्।।74।।

उपाधिवशतो भाति बिम्बमेवान्यथा नृणाम्।
मायोपाधिवशादेव जगद्द्वैतं प्रकाशते।।75।।

बिम्बभूतं तु चिन्मात्रं प्रतिबिम्बं जगत्तथा।
उपाधि प्रतिबिम्बे च मिथ्यात्वे ब्रह्म शिष्यते।।76।।

ज्ञानिनां भेदता नास्ति ह्यज्ञानां भेदभावना।
यन्मायामोहिताः सर्वे ब्रह्माद्याः का गतिर्नृणाम्।।77।।

चिदुद्भूतं जगत्सर्वसत्सदिव भासते।
एतस्मादपरो मोहो न भूतो न भविष्यति।।78।।

शैवालं जलसम्भूतं जलमाच्छाद्य तिष्ठति।
जलशून्यमिवाभाति तद्वन्मायावृतं हि चित्।।79।।

भानोः किरणसम्भूतो मेघो दिवि राजते।
भानुमाच्छाद्य शून्यत्वं भानोरापादयेद्यथा।।80।।

वस्तुस्वभावमज्ञात्वा अन्यथा परिकल्पनम्।
स एव मोह इत्युक्तः सा मायेति प्रकीर्तिता।।81।।

रज्जौ सर्पभ्रमो यद्वत्तथैवात्मनि लोकता।
भ्रमो दुःखस्य बीजं स्यात्सा मायेति प्रकीर्तिता।।82।।

विवेकादात्मनो लाभो ह्यात्मानात्मविचारणात्।
अचिराद् भ्रमनाशः स्याद्ब्रह्मज्ञानैकसाधनात्।।83।।

आत्मांनात्मविचारज्ञो शान्तसङ्कल्पमानसः।
सद्योमुक्तिमवाप्नोति स ब्रह्मपदमश्नुते।।84।।

आत्मानमात्मना ज्ञात्वा असङ्कल्पमनाश्च यः।
तेन स्वरूपं विज्ञातं स मुक्तो नात्र संशयः।।85।।

स्वरूपमन्यथा ज्ञात्वा ये भ्रमन्ति सदा भुवि।
तेषां विज्ञानदात्री त्वं शारदे परदेवते।।86।।

अन्तवत्वादनित्यत्वादन्ते दुःखप्रदत्वतः।
त्याज्या ह्यैहिकभोगेच्छा सर्वदा बन्धकारिणी।।87।।

दर्पणप्रतिबिम्बाभा भोगेच्छा सर्वदा नृणाम्।
सा दुःखफलदात्र्यन्ते तस्मात्तां परिवर्जयेत्।।88।।

स्वस्वरूपपरिज्ञानाभावतो बन्धतां व्रजेत्।
तज्ज्ञानदात्री त्वं मातः शारदे परदेवते।।89।।

यद्बहिर्मुखवृत्तित्वं प्रवृत्तिरिति कथ्यते।
अन्तर्मुखप्रवृत्तिस्तु निवृत्तिरिति कथ्यते।।90।।

प्रवृत्तिरूपं द्वैतं स्याददैतं विनिवृत्तिता।
विसृजेत्प्राकृतं ज्ञानमन्तर्मुखपरो भवेत्।।91।।

आलम्बनं हि मनसो दद्यादन्तर्मुखो नरः।
स्वान्तःस्थ वस्तु विज्ञानमन्तर्मुखतयोच्यते।।92।।

स्थूलदेहं चतुष्कूटं षट्चक्रं मण्डलत्रयम्।
ग्रन्थित्रयं त्रिखण्डं च परानाडिसमावृतम्।।93।।

कट्यातिनेत्रमध्यान्तं खण्डत्रयमुदीरितम्।
भ्रूमध्याद्द्वादशान्तं तु तुरीयमिति कथ्यते।।94।।

द्वादशान्तं ललाटोर्ध्वं कपालोर्ध्वावसानकम्।
द्व्यंगुलोर्ध्वं शिरोदेशात्परं व्योम प्रकीर्तितम्।।95।।

तदेव ब्रह्मणः स्थानं चन्द्राग्न्योर्मेलनं तथा।
बिन्दुस्थाने सुधासिन्धौ चिच्चन्द्रो प्रविराजते।।96।।

साक्षिस्थानं तदेव स्यात्पराम्बा तत्र राजते।
गुहायां परमे व्योम्नि स्थितेति श्रुतिचोदिता।।97।।

चिच्चन्द्रान्तर्गतो वह्निर्बिन्दुमण्डलवासिनी।
सुषुम्णारूपमापन्ना परासंज्ञां प्रपद्यते।।98।।

सुखाभिलाषी पुरुषो बहिर्वृत्ति विसर्जयेत्।
बहिर्मुखत्वं बन्धाय भवेदन्तर्मुखस्ततः।।99।।

आलम्बनं परा शक्तिर्विद्युत्साहस्त्रसन्निभा।
चन्द्रकोटिप्रतीकाशा बिसतन्तुनिभाकृतिः।।100।।

तदालम्बनतो देवी बाह्यज्ञानं निवर्तते।
मनो निश्चलतां याति कुलाये श्रान्तपक्षिवत्।।101।।

शारदे शातकं त्वाद्यं तुरीय्ये प्रथमा कला।
आत्मानात्मविचाराख्या शुद्धविद्या प्रकाशते।।102।।

इति श्रीमत्पदवाक्यप्रमाणपारावारपारीण सर्वतन्त्रस्वतन्त्र सकलनिगमागमसारज्ञहृदय-सत्यानन्दनाथ गुरुकरकमल-सञ्जातान्तेवासिना कौशिकसगोत्रोद्भव भागीरथिराय लक्ष्मीनरसाम्बा द्वितीय्यपुत्रेण ज्ञानानन्दनाथेति दीक्षाना-माङ्कितेन सिंहभट्ल राममूर्ति शास्त्रिणा विरचितमिदा शारदा चतुःशत्यां ब्रह्मविद्यायां आत्मानात्मविचारणं नाम तुरीय्यपादे प्रथमकलास्वरूप प्रथम शतकं सम्पूर्णम्।। स्वस्त्यस्तु।। शृङ्गगिरि श्री शारदाम्बा परदेवतार्पणमस्तु।।

॥ द्वितीय शतकम् ॥

सहस्त्रारात्समुद्भूता बिसतन्तुनिभाकृतिः।
स्थिरा विद्युल्लताभासा परा नाडी विराजते॥1॥

अधोमुखी वक्रगतिः पञ्चाशद्वर्णविग्रहा।
चतुर्दलमयाधारं गत्वा विश्रान्तिमाप सा॥2॥

यन्मूलं च यदाधारं धरित्री तत्त्वरूपधृक्।
मूलाधारमिति प्रोक्तं सर्वाधारं तदेव हि॥3॥

परा मूलत्वमापन्ना प्रसुप्तभुजगीव सा।
प्रवृत्तिरूपतां याता तावत्संसारबन्धनम्॥4॥

सुषुम्णा सा परा ख्याता ब्रह्मनाडीति कथ्यते।
तस्यां प्रतिष्ठितं सर्वं दृष्टादृष्टं जगत्सदा॥5॥

लोकालोकाः समुद्राश्च सप्तद्वीपाः सपर्वताः।
परानाड्यन्तरे सर्वे विराजन्ते सदाशिवे॥6॥

पराकाशेन्दुरूपेण परशम्भुर्विराजते।
तस्माद्विनिर्गता सा हि वह्निरूपा विमर्शिनी॥7॥

वह्निरूपा परा नाडी षट्चक्राकारतां गता।
ग्रन्थित्रयस्वरूपेण भासते सा पराम्बिका॥8॥

चतुर्दलं तवाधारं यत्र वह्निर्विजृम्भते।
सा स्वाधिष्ठानमित्युक्ता षड्दला त्वन्निवासभूः॥9॥

मणिभिः पूर्यते यद्धि यस्मिन् सर्वं प्रजायते।
यत्र विद्युल्लता जाता मणिपूरं दशारकम्॥10॥

अनाहतेन शब्देन यत्र वायुः प्रजायते।
अनाहतं द्वादशारं तत्र नादसमुद्भवः।।11।।

संविद्रूपा पराकारा श्रीदेवी विश्रमं गता।
चिदग्निर्यत्र वर्तेत संवित्कमलमुच्यते।।12।।

विशुद्ध चन्द्रकिरणैरर्चितो यत्र शङ्करः।
कण्ठस्थे षोडशदले वियदुत्पत्तिरुच्यते।।13।।

विद्युन्निभाकृतिर्यत्र परा ज्ञानं प्रजायते:।।
ईषन्मात्रपरिज्ञानादाज्ञा नाम दलद्वया।।14।।

आज्ञान्तं तु त्रिकूटं स्यात्रिपुटी मण्डलत्रयं।
तावत्स्यात्कालकलना अत ऊर्ध्वं तुरीय्यकम्।।15।।

ज्योत्स्नालोकं तुरीय्यं हि ज्योतिरूपेण भासते।
यद्गत्वा न निवर्तन्ते तद्ब्रह्मस्थानमुच्यते।।16।।

विद्युत्कोट्यर्कसङ्काशं चन्द्रकोटिसुशीतलं।
चिच्चन्द्रचन्द्रिकाभासममृताम्बुधिरूपकम्।।17।।

जन्तोः पुरातनैः पुण्यपरिपाकैश्च जायते।
मोक्षेच्छापि विरक्तिश्च लोकभोगेष्वरक्तता।।18।।

तदा प्रकृतिकार्येषु निवृत्तिं गतमानसः।
अन्तर्मुखत्वमाप्नोति ब्रह्मानन्दसुखाप्त्ये।।19।।

मन एव मनुष्याणां कारणं बन्धमोक्षयोः।
तन्मनो विलयं याते मोक्षं इत्यभिधीयते।।20।।

प्रवृत्तिश्च निवृत्तिश्च मनसः कार्यमुच्यते।
प्रवृत्तिर्बन्धहेतुः स्यान्निवृत्तिर्मोक्ष उच्यते।।21।।

ते पराग्दर्शिनः सर्वे प्रत्यग्बोधविवर्जिताः।
मनो हि वासनारूपं मायिकं मन उच्यते।।22।।

मनोविश्रमणेनैव सर्वलाभो भविष्यति।
सर्वशक्तिपरं ब्रह्म सर्वाकारेण भासते।।23।।

यद्यदुच्छूनतां याति तत्तद्रूपेण भासते।
यन्माङ्मननीं शक्तिं धत्ते तन्मन उच्यते।।24।।

मनो विमर्शतां याति निश्चयात्मा प्रकाशता।
बुद्धिस्वरूपमाधत्ते द्वयोर्नित्यैकता स्मृता।।25।।

शक्तौ विजृम्भितायां च लीयते परमेश्वरः।
विजृम्भिते प्रकाशांशे शक्तिस्तस्मिन्विलीयते।।26।।

प्रपञ्चजागरावस्था द्वैतज्ञानं च भेदता।
शक्तेर्विजृम्भणं प्रोक्तं प्रकाशस्तत्र लीयते।।27।।

मनो विश्रान्तिमापन्ने बुद्धिरुद्रेकतां व्रजेत्।
तदा विवेको जन्तूनां जायते तच्छुभावहम्।।28।।

यदा ह्यात्मपरिज्ञानं तन्निवृत्तिरितीर्यते।
अन्तर्मुखत्वतां याति स्वपदप्राप्तिकारणम्।।29।।

दक्षनासापुटाकारा इडा नाडी प्रवर्तते।
वामनासापुटाकारा पिङ्गला चन्द्रनाडिका।।30।।

चन्द्रसूर्यगतिस्तत्र मुहूर्तात्परिवर्तनम्।
आज्ञायां त्रिपुटीस्थाने नाडित्रितयमेलनम्।।31।।

गङ्गायमुनयोः सङ्गो यत्र गुप्ता सरस्वती।
सा सुषुम्णा च क्षेत्रं प्रयाग इति कथ्यते।।32।।

वायुमार्गं निरुन्ध्याथ प्राणायामेन पूरयेत्।
तद्वायुशोधनान्नाडीशुद्धिः स्यात्साधकस्य हि।।33।।

तदा वायुं निरुन्ध्याथ ब्रह्मध्यानपरो भवेत्।
तदा प्रबुद्धा भुजगी सुप्ता क्षुप्त्क्रुद्धमानसा।।34।।

स्वाधिष्ठानाग्निसंयुक्ता सुषुम्णामार्गगा परा।
स्वपदप्राप्तिकामा च पतिसङ्गमलालसा।।35।।

परा नाडी उर्ध्वमुखी आरोहणपदं गता।
ग्रन्थित्रयं चक्रषट्कं भित्त्वा स्वस्थानमाप्नुयात्।।36।।

आधाराधिष्ठानचक्रे वह्निमण्डलमीर्यते।
स्वाधिष्ठानोऽपरिस्थाने ब्रह्मग्रन्थिरितीर्यते।।37।।

सत्यासत्यद्वयोर्यत्र मेलनं ग्रन्थिरुच्यते।
स्थूलाभिमानसन्त्यागो ब्रह्मग्रन्थिविभेदनम्।।38।।

अनाहतं मणिपुरं सौरमण्डलमीरितम्।
अनाहतोऽपरिस्थाने विष्णुग्रन्थिरितीर्यते।।39।।

जीवत्वं सूक्ष्मदेहं च तदहङ्कारमोक्षणम्।
सूक्ष्माभिमानत्यागो हि विष्णुग्रन्थिविभेदनम्।।40

विशुद्धः कण्ठदेशस्थो आज्ञा भ्रूमध्यमस्थले।।
चन्द्रमण्डलमित्युक्तं चक्रद्वयमतः परम्।।41।।

आज्ञाया उपरिस्थने रुद्रग्रन्थिरितीर्यते।
कारणत्वाभिमानस्य त्यागो तद्ग्रन्थिभेदनम्।।42।।

भिद्यते हृदयग्रन्थिश्छिद्यन्ते सर्वसंशयाः।
क्षीयन्ते चास्य कर्माणि तस्मिन्दृष्टे परावरे।।43।।

द्वैतं ग्रन्थिरिति प्राक्तमद्वैतं ग्रन्थिभेदनम्।
द्वैतं बन्धमिति प्रोक्तमद्वैतस्तु विमुक्तता।।44।।

इत्थं कमलषट्कं च ग्रन्थित्रयमतीत्य वै।
मण्डलत्रितयं भित्त्वा ज्योतिर्लोकं गता परा।।45।।

ज्योतिर्लोकं यदा याति परा माहेश्वरी तदा।
बिन्दुमण्डलगा प्रोक्ता स्वपदप्राप्तिता तदा।।46।।

चिच्चन्द्रेण समायुक्ता वह्निरूपा महेश्वरी।
सुधावृष्टिं प्रवर्षन्ती नाडीः सन्तर्पयत्यपि।।47।।

परा नाडी जीवरूपा चिच्चन्द्रो ब्रह्मसम्पदः।
अनयोः सामरस्यं हि मोक्ष इत्यभिधीयते।।48।।

सहस्त्राराम्बुजान्तःस्थ बिन्दुमण्डलवासिना।
सदाशिवेन मिलिता सच्चिदानन्दतां गता।।49।।

अन्योन्यमेलनं यत्स्याच्छिवशक्तिविभेदनम्।
तदद्वैतं ब्रह्मतत्त्वं जीवन्मुक्तिरितीर्यते।।50।।

ज्ञात्वा तयोः सामरस्यं तत्र स्वं प्रविलापयेत्।
तत्कैवल्यमिति प्रोक्तं चाक्षयं पदमुच्यते।।51।।

बिन्दुमण्डलगश्चन्द्रो ब्रह्मतत्त्वमितीर्यते।
परा नाडी जीवरूपा तस्माद्भेदसमुद्भवः।।52।।

तयोर्हि सामरस्यं स्यादद्वैतं मुक्तिरेव सा।
तुत्तरीयमिति प्रोक्तं तुरीयपदगो भवेत्।।53।।

जीवबुद्ध्या हि जीवत्वं ब्रह्मबुद्ध्या हि ब्रह्मता।
मनोमात्रं बन्धहेतुस्त्यागो मुक्तिरितीष्यते।।54।।

तन्मनो विलये याते जीवत्वारोपसङ्क्षये।
तदेव मुक्तिरूपं हि तद्ब्रह्मत्वमुदीर्यते।।55।।

सङ्कल्पशून्यता या हि वृत्तिशून्यं तदेव हि।
तन्मनो विलयं याति तत्तुरीयमितीर्यते।।56।।

यावन्मनस्तावदेव प्रश्नोत्तर परम्परा।
मनो हि जन्मबीजं स्यान्मनोनाशो विमुक्तिता।।57।।

मनःशून्ये सर्वशून्यं मनोमात्रं जगत्तथा।
लये मनसि शेषं तु प्रज्ञामात्रं प्रदृश्यते।।58।।

सर्वं ब्रह्मेति विज्ञाय तूष्णीभावं व्रजेत्सुधीः।
तूष्णीम्भावेन ब्रह्मत्वं सिद्ध्यत्येव न संशयः।।59।।

आदावन्ते च यद्ब्रह्म मध्येऽन्यःकथमागतः।
अन्यो हि मायामात्रो स्यादहं मायेति निश्चिनु।।60।।

मनःप्रज्ञानयुक्तं चेज्जगदेतत्प्रवर्तते।
प्रज्ञानमात्रं ब्रह्मेति तदद्वैतं प्रकीर्तितम्।।61।।

प्रज्ञानं शारदा प्रोक्ता प्रज्ञानं ब्रह्म कथ्यते।
प्रज्ञानं हि परा शक्तिः ततोऽन्या प्रकृतिःस्मृता।।62।।

मूलादाज्ञान्तपर्यन्तं कूटत्रयमुदीरितम्।
लोकत्रितयता तद्धि तदतीतं तुरीयभूः।।63।।

जगतः परतो याऽस्ति यस्मात्सर्वं प्रजायते।
सा परा ब्रह्मशक्तीति तुरीय्यपदगा च सा।।64।।

सा पूर्णबिन्दुरूपेण पराकाशे विराजते।
तस्यां मायासमुभ्दूता तच्छायाकारतां गता।।65।।

जगताकारतां याता नामरूपविभेदतः।
तस्मान्मायामयं दृश्यं त्यजेत्सर्वं चराचरम्।।66।।

मनोमात्रं जगत्सर्वं मायाबीजं मनःस्मृतम्।
तन्मनो विलयं याते ब्रह्ममात्रं प्रदृश्यते।।67।।

प्रज्ञानं ब्रह्मभागं तु मायाभागो मनःस्मृतम्।
प्रज्ञानं हि मनोयुक्तं जगद्रूपेण भासते।।68।।

अनयोरनपायित्वं नित्यसिद्धिं प्रकीर्तितम्।
परं पौरुषमास्थाय मन्मनो विलयं नयेत्।।69।।

असङ्कल्पो मनोनाशः वृत्तिशून्यं तदेव हि।
तावन्मात्रेण संसिद्धिः सर्वलाभो भविष्यति।।70।।

यावन्मनस्तावदेव संसारः परिकीर्तितः।
मनोनाशे सर्वनाशो निश्चत्तत्वं हि सम्पदः।।71।।

दुःखजालं मनः प्रोक्तं निर्मनो ब्रह्मसम्पदः।
तदेव तुर्यं तद्ब्रह्म ब्रह्मनन्दस्तदेव हि।।72।।

बुद्धिमात्रं स्थिरं कृत्वा सङ्कल्पत्यागसंयुतम्।
अन्तर्मुखपरो भूत्वा साक्षिं ध्यायेत्सदा सुखी।।73।।

संसारे सुखलेशोऽपि नास्ति तद्दुःखसागरः।
जन्मबीजं हि संसारं कर्मबीजं तदेव हि।।74।।

यदा बुद्धिं स्थिरां कृत्वा निःसङ्कल्पो भविष्यति।
तदेव निर्मनाः प्रोक्तः तत्तुरीयमितीर्यते।।75।।

आज्ञया उपरिस्थानं सत्यलोकमितीर्यते।
सत्यवस्तुस्थानभूतं तस्माद्ब्रह्मपुरं जगुः।।76।।

ज्योतिर्लोकं स एवेति तुरीयपदसंज्ञकम्।
सूर्यचन्द्रप्रभाभावाद्राजते ब्रह्मतेजसा।।77।।

अहोरात्रविभागं च न कालकलनाऽत्र हि।
बिन्दुस्थानं सहस्रार्णिकणिकाकारतां गतम्।।78।।

बिन्दुस्थानं द्वादशान्तं चिच्चन्द्रेण विराजितम्।
चिदेव साक्षिरूपं स्यात्तत्परं धाम उच्यते।।79।।

विद्युत्कोट्यर्कसङ्काशं चन्द्रकोटिसुशीतलम्।
तत्तुरीयस्थानमेव परास्थानमितीर्यते।।80।।

पराबिन्दुस्वरूपं तु सृष्टेः पूर्वस्थितिः स्मृता।
चन्द्राग्निसामरस्यं तु तुरीयपदसंज्ञकम्।।81।।

लोकत्रयादतीतं च मण्डलत्रयतः परम्।
शरीरत्रयोऽन्यं तु कूटत्रयपरं तथा।।82।।

त्रिभुजायाः परं यत्तु मूर्तित्रितयतः परम्।
त्रिपुटीसम्भवं यस्मादाश्रमत्रितयतः परम्।।83।।

यस्मात्पदत्रयं जातं कालत्रयपरं तथा।
अवस्थात्रयतो यस्तु तत्तुरीयमितीर्यते।।84।।

यस्मात्परं पदं नास्ति यस्मात्कामोऽभिजायते।
यस्मादुत्पद्यते बिन्दु तुत्तुरीयमितीर्यते।।85।।

तुरीयस्तु परारूपं परा ब्रह्मस्वरूपिणी।
चिदानन्दस्वरूपा सा ज्योतीरूपा महेश्वरी।।86।।

चिच्चन्द्रमण्डलं बिन्दुरग्निष्टोममयं स्मृतम्।
सर्वशक्तिमयं ब्रह्म तत्त्वं चिद्बिन्दुरुच्यते।।87।।

गर्भस्थमायोद्रेकाच्च सृष्टिकालस्य सम्भवात्।
स बिन्दुः स्फुटितं याति त्रिभुजाकारतां गता।।88।।

गुणत्रयतनुः सोऽभूत् कोणबिन्दुत्रयान्वितः।
अव्यक्तमातृकारूपा तत्त्वात्माऽव्यक्तमुच्यते।।89।।

पराशक्तेस्तु सङ्कल्पाज्जाता तच्छायतां गता।
मायारूपा हि पश्यन्ती सृष्टिस्थित्यन्तकारिणी।।90।।

परापरेति विख्याता परा ब्रह्मस्वरूपिणी।
आपरा हि जगद्रूपा मोहिनीति प्रकीर्त्यते।।91।।

बिन्दुभूता पराशक्तिः सर्वकारणकारणा।
तत्प्रतिच्छायरूपा सा पश्यन्ती सर्वमोहिनी।।92।।

चिद्बिन्दुरेव पुरुषः प्रकाशात्मा सदाशिवः।
विमर्शरूपिणी शक्तिः पश्यन्तीरूपतां गता।।93।।

सितकोणविमिश्राख्यं यस्माच्चिद्बिन्दुरुच्यते।
पश्यन्त्यामपि तन्मिश्रं उभयांशात्मिका हि सा।।94।।

प्रपञ्चमातापितरौ शिवशाक्तिपदे स्थितौ।
चिदंशो जीवरूपः स्याच्छाक्तिः क्षेत्रमुदाहृता।।95।।

क्षेत्रं तु नामरूपात्मा बीजं सच्चित्सुखात्मकं।
सत्यासत्यविमिश्रं हि जगदेतच्चराचरम्।।96।।

पुरुषः प्रकृतिश्चापि दृश्यते सर्ववस्तुषु।
नामरूपे प्रदृश्यन्ते तयोःसत्ता त्वगोचरा।।97।।

शुक्लबिन्दोरंशभूतं रूपं तत्वात्मकं बभौ।
स्फुरितादरुणाद्बिन्दोर्नादब्रह्माकुरोद्भवः।।98।।

एवं विमिश्रणं सर्वं सत्यासत्यं जगत्सदा।
एतद्विज्ञानमेवेह ज्ञानसम्पत्तिरिष्यते।।99।।

शारदे तव चारित्रसंयुतं तु द्वितीय्यकम्।
अन्तरङ्गविचारात्ममन्तर्मुखकरं शतम्।।100।।

इति श्रीपदवाक्यप्रमाणपारावारपारीण सर्वतन्त्रस्वतन्त्रसकल निगमागमासारज्ञहृदय सत्यानन्दनाथ गुरुकर कमल सञ्जातान्ते-वासिना कौशिकगोत्रोद्भव भागीरथीराय लक्ष्मीनरसाम्बाद्वितीय पुत्रेण ज्ञानानन्दनाथेति दीक्षानामां कितेन सिंहभट्ल राममूर्ति-शास्त्रिणा विरचितमिदं ब्रह्मविद्यायां शारदाचतुःशात्यां अन्तरङ्गग-वस्तु विवरण अन्तर्मुखी करणं नाम तुरीयपादे द्वितीयकलारूप द्वितीयशतकं सम्पूर्णम्।। स्वस्त्यस्तु।। श्रीशारदाम्बा परदेवतार्पण-मस्तु।। तत्सद्ब्रह्मार्पणमस्तु।।०।।

॥ तृतीयशतकम् ॥

परा पश्यन्तितां याता सा मायेति प्रकीर्तिता।
तस्माज्जातं जगत्सर्वं मायामात्रमितीर्यते॥1॥

द्वैतं मायामयं दृश्यं अद्वैतं पारमार्थतः।
अज्ञानजनबोधार्थं कल्पिता द्वैतभेदता॥2॥

गुरुशिष्यपदे स्थित्वा प्रश्नोत्तरपदैस्तथा।
सर्वं प्रकल्पयामास भगवान् परमेश्वरः॥3॥

पश्यन्ती मध्यमां याता मध्यमा द्विविधा स्मृता।
स्थूलसूक्ष्यविभेदेन सूक्ष्मा सप्तस्वरात्मिका॥4॥

स्थूलाष्टवर्गरूपात्मा मध्यमा वैखरीं गता।
वैखरी वर्णभेदेन पञ्चाशत्सङ्ख्यतां गता॥5॥

अकारदि हकारान्ता वैखरी वर्णविग्रहा।
सुषुम्णाख्या परानाडी चिच्चन्द्रान्निर्गता पुरा॥6॥

अधोमुखी वक्रगा च भ्रूमध्यपदमागता।
आज्ञां तु द्विदलां गत्वा भुजगाकारतां गता॥7॥

विशुद्धकमलं प्राप्य दलैःषोडशभिर्युतम्।
अनाहतं द्वादशारं दशारं मणिपूरकम्॥8॥

स्वाधिष्ठानं षड्दलं च मूलाधारं चतुर्दलम्।
यदाधारमिदं सर्वं यन्मूलं जगतः स्मृतम्॥9॥

मूलाधारेव सत्येषा मातृकावर्णरूपिणी।
योगिनीबृन्दसंयुक्ता पद्माटव्यां विजृम्भते॥10॥

एषा हि मोहिनीरूपा जगन्मङ्गलकारिणी।
जगद्भ्रामयते नित्यमयस्कान्तेव लोहवत्॥11॥

यदा पुमान् पुण्यवशात्स्वपदं प्राप्तुमुत्सुकः।
विरक्त इह भोगेभ्यो ब्रह्मानन्दपरो भवेत्॥12॥

तदा कुण्डलिनीरूपा ऊर्ध्वाभिमुखमागता।
ग्रन्थित्रयं पद्मषट्कं तीर्त्वा स्वस्थानमाप्नुयात्॥13॥

वह्निरूपा परानाडी बिन्दुमण्डलवासिनी।
चिच्चन्द्रमण्डलं प्राप्य लोलीभावत्वमागता॥14॥

वह्निवेधतया चन्द्रमण्डलादमृतोद्भवः।
सुधावृष्टिं प्रवर्षन्ती पत्या सह विमोदते॥15॥

शिवशक्तिसमायोगाज्जीवो ब्रह्मत्वतां गताः।
तदा विमुक्तिर्जन्तूनां द्वैतमेकत्वमाप्नुयात्॥16॥

सर्वं ब्रह्ममयं भाति सत्तामात्रं प्रदृश्यते।
सत्ताहीनं जडं दृश्यं नामरूपात्मकं जगत्॥17॥

अपदं पदमापन्नं पदं चाप्यपदं भवेत्।
पदापदविभागज्ञो स ब्रह्मपदगो भवेत्॥18॥

शारदे मातृकारूपे मण्डलत्रयवासिनि।
मण्डलत्रयस्वरूपेण मातृका सा विराजते॥19॥

मातृका एकरूपा सा प्रकाशं च विमृश्यताम्।
स्वरव्यञ्जनभेदेन द्वैरूप्यं प्राप्यते परा॥20॥

अकारादिस्वराः सर्वे षोडशेन्दोः कला स्मृताः।
नित्या कलाश्च ता एव चन्द्रमण्डलतां गताः॥21॥

मादि ळान्ता दशकला वह्निमण्डलवासिनः।
कादि भान्ताश्च सर्वासताश्तुर्विंशतिसङ्ख्यकाः॥22॥

अग्नीषोममयत्वेन सौरमण्डलतां गताः।
मण्डलत्रयरूपेण मातृका सा विराजते॥23॥

जाग्रत्स्वप्नौ सुषुप्तिश्च तुर्यतुर्यातिगा इति।
पञ्चावस्था स्वरूपेण मातृका भातिर्वसदा॥24॥

सुप्तावस्था स्वराः प्रोक्ताः चन्द्रमण्डलरूपिणः।
जडस्वभावाद्देवेशि सुप्तावस्था जडात्मिका॥25॥

यदि वर्णचतुष्कं तु जागरावस्थतां गतम्।
कादि भान्तं वर्णरूपं चतुर्विंशत्कलामयम्॥26॥

चन्द्राग्नन्योर्मिश्रभूतत्वात्स्वप्नावस्था प्रकीर्तिता।
कलाचतुष्कसंयुक्तं शवर्गं तु तुरीय्यकम्॥27॥

पञ्चाशद्वर्णसंयुक्तमातृकायाःपरे स्थितः।
तुर्यातीतः क्षकारः स्यात्कूटाक्षरतनुः शिवः॥28॥

कचटतपवर्गपञ्चकमस्यां पृथ्व्यादि पञ्चभूतानि।
तेष्वपि विलोमवशतः प्रत्येकं पञ्चभूतांशाः॥29॥

पवर्गस्तु विलोमेन ह्यन्तःकरणपञ्चकम्।
आत्मा मनोबुद्धिचित्ताह्यहङ्काराः प्रकीर्तिताः॥30॥

ज्ञानेन्द्रियस्वरूपेण तवर्गः प्रविराजते।
कर्मेन्द्रियं टवर्गः स्याच्चवर्गो ज्ञानधर्मकः॥31॥

कर्मेन्द्रियाणां धर्माश्च कवर्गे बीजपञ्चके।
चतुर्विंशतितत्त्वानि चात्मा स्यात्पञ्चविंशकः॥32॥

एवं पिण्डाण्डरूपेण मातृका भाति शारदे।
पिण्डब्रह्माण्डयोर्भेदो नास्ति तत्त्वे विचारिते॥33॥

शारदे भक्तवरदे मातृकाचक्रतां गता।
श्रीचक्रं त्वत्स्वरूपं स्यान्मातृकाचक्रमुच्यते॥34॥

परैव त्रिपुरारूपा पश्यन्तीत्यभिधीयते।
पश्यन्ती मध्यमां याता मध्यमा वैखरीं गता।।35।।

चक्रं त्रिखण्डं देवेशि सोमसूर्यानलात्मकम्।
त्वन्मन्त्रं त्वच्छरीरं च मातृका च त्रिखण्डशः।।36।।

मातृकामन्त्रचक्राणां तव स्थूलाकृतेस्तथा।
अन्योन्यमेलनं सिद्धं समधर्मत्वसम्भवात्।।37।।

श्रीचक्रं तु परारूपं शिवशक्तिविमिश्रकम्।
त्रिखण्डं च चतुर्बिन्दुः पञ्चभूतमयं तथा।।38।।

षडध्वयुक्तं सप्तार्णं सप्तद्वीपसमान्वितम्।
अष्टमूर्तिस्वरूपं च नवचक्रयुतं तथा।।39।।

नवयोन्यात्मकं चैव नवशक्तिमयं तथा।
सर्वदेवमयं देवि श्रीचक्रं शिवयोर्वपुः।।40।।

शारदे त्वं तु श्रीदेवी बिन्दुमण्डलवासिनी।
श्रीचक्रमध्यबिन्द्वाभा नित्या पञ्चदशान्विता।।41।।

षडङ्गदेवतायुक्ता गुरुमण्डलसंयुता।
नवावरणसंसिद्धदेवताभिः सुसेविता।।42।।

बिन्दुत्रिकोणाष्टकोण दशकोणद्वयं तथा।
भुवनाश्रं चाष्टदलं दलषोडशकं तथा।।43।।

वृत्तत्रयं भुपुरं च चतुर्द्वारसमन्वितम्।
नवचक्रयुतं देवि श्रीचक्रं शिवयोर्वपुः।।44।।

पराबिन्दोर्विकसनं त्रिकोणाकारतां गतम्।
प्रकाशरूपो बिन्दुः स्याद्विमर्शाख्या विसर्गभूः।।45।।

चक्रद्वयप्रभाजालैरष्टकोणस्य सम्भवः।
तत्र नादसमुत्पत्तिस्त्रिभुजाकारतां गता।।46।।

चक्रद्वयप्रभाजालैरष्टकोणस्य सम्भवः।
चक्रत्रयप्रभोद्भूतं दशकोणद्वयं तथा।।47।।

चक्रपञ्चकरश्मिभ्यो मन्वस्रं तु विराजते।
षट्चक्रकान्तिसञ्जातं कमलं त्वष्टपत्रकम्।।48।।

सप्तचक्रप्रभापुञ्जाद्दलषोडशकं बभौ।
मण्डलत्रयभाभ्यो वै वृत्तत्रितयसम्भवः।।49।।

शिवशक्तिसमायोगाद्भूपुरस्योद्भवः शिवे।
परास्वरूपा श्रीदेवी पश्यन्त्यादिस्वरूपताम्।।50।।

प्राप्य श्रान्ता भूपुरे तु विश्रान्ता सर्वमातृका।
स्वरषोडशकं देवि दलषोडशकं बभौ।।51।।

देव्यग्रकोणमारभ्य क्रमेण परिलेखनम्।
नित्याषोडशकं तत्र योगिनीरूपमाश्रिताः।।52।।

ह्रस्वस्वराष्टकं तद्वदष्टपत्रे स्थितं शिवे।
पूर्ववत्क्रमशो पूज्याः योगिन्यःसर्वसिद्धिदाः।।53।।

मन्वस्रेकातिढान्तास्ते योगिनीरूपमाश्रिताः।
देव्यग्रदलमारभ्य वामावर्तेन संस्थिताः।।54।।

बहिर्दशारे राजन्ते णादिभान्तास्तथा शिवे।
देव्यग्रकोणमारभ्य क्रमेण परिलेखनम्।।55।।

अन्तर्दशारे भासन्ते मादिळान्तदशाः कलाः।
देव्यग्रदलमारभ्य वामावर्तेन लेखनम्।।56।।

अष्टकोणे अकचटाद्या अष्टवर्गादिजाः कलाः।
देव्यग्रकोणमारभ्य क्रमेण परिलेखनम्।।57।।

बालाबीजयुतं त्र्यस्रे क्षकारं बिन्दुमण्डलम्।
त्रिकोणे वामतो ग्राह्या पूजामन्त्रविशारदैः।।58।।

बिन्दुः प्रणवसंयुक्तं तुरिय्यस्वरशेखरम्।
द्विरावृत्तं नमोऽन्तं च विद्युदाभं तु पञ्चकम्।।59।।

शारदे तव चाधारे भूपुरः कर्णिकाकृतिः।
स्वाधिष्ठाने द्व्यष्टदलं मणिपूरेऽष्टपत्रकम्।।60।।

अनाहते तु मन्वस्त्रं दशकोणद्वयं तथा।
विशुद्धे कर्णिकाकारमष्टारं लम्बिकाग्रगा।।61।।

तवाज्ञायां भ्रुवोर्मध्ये त्रिकोणं कर्णिकाकृतिः।
सहस्त्रारारम्बुजे भाति बिन्दुस्थानं शिवात्मकम्।।62।।

त्रैलोक्यमोहिनीचक्रे भूपुरे त्वणिमादयः।
योगिनीरूपतां याताः रेखाकाराः पुरः स्थिताः।।63।।

अणिमा महिमा चैव गरिमा लघिमा तथा।
प्राप्तिः प्राकाम्यमीशित्पं पशित्वं चाष्टभूतयः।।64।।

ब्राह्मी माहेश्वरी चैव कौमारी वैष्णवी तथा।
वाराही च तथा प्रोक्ता माहेन्द्री चण्डिका तथा।।65।।

महालक्ष्मीयुताः सर्वाः द्वितीय्ये चाष्टमातृकाः।
क्षोभिणी द्राविणी चैव सर्वाकर्षिणिका तथा।।66।।

वशङ्कर्युन्मादिनी च सर्वाङ्कुश च खेचरी।
सर्वबीजाः सर्वयोनीस्त्रिखण्डासहिताश्च ताः।।67।।

एताः प्रकटयोगिन्यः प्रथमावरणे स्थिताः।
सर्वाः श्रीदेवतासाम्याः वस्त्रभूषदिभिर्युताः।।68।।

स्वाधिष्ठाने षोडशदले योगिनीरूपतां गताः।
कामाकर्षणिकाद्यास्तु सर्वाशापरिपूरके।।69।।

कामाकर्षणिका चैव बुद्ध्याकर्षणिका तथा।
अहङ्काराकर्षणी च शब्दाकर्षणिका तथा।।70।।

स्पर्शाकर्षणिका चैव रूपाकर्षणिका तथा।
रसाकर्षणिका चैव गन्धाकर्षणिका तथा।।71।।

चित्ताकर्षणिका चैव धैर्याकर्षणिका तथा।
स्मृत्याकर्षणिका चैव नामाकर्षणिका तथा।।72।।

बीजाकर्षणिका चैव आत्माकर्षणिका तथा।
अमृताकर्षणिका चैव शरीराकर्षणी तथा।।73।।

एता हि गुप्तयोगिन्यो द्वितीयावरणे स्थिता:।
श्रीदेवीं सेव्यमानास्ता: वस्त्रालङ्कारभूषिता:।।74।।

सर्वसङ्क्षोभिणीचक्रे अनङ्गकुसुमादय:।
अनङ्गकुसुमा चैव तथैवानङ्गमेखला।।75।।

अनङ्गमदना दैवी तस्यैव मदनातुरा।
अनङ्गरेखा रूपा च तथानङ्गस्यवेगिनी।।76।।

अनङ्गाकुशारूपा चानङ्गपूर्वा च वेगिनी।
एतास्तु गुप्तयोगिन्यस्तृतीयावरणे स्थिता:।।77।।

सर्वसौभाग्यदे चक्रे सर्वसङ्क्षोभिणीमुखा:।
सर्वसङ्क्षोभिणी चैव सर्वविदाविणी तथा।।78।।

सर्वकर्षिणी चैव सर्वाह्लादिनी तथा।
सर्वं सम्मोहिनी चैव सर्वस्तम्भिनिका तथा।।79।।

सर्वजृम्भिणिका चैव सर्वलोकवशङ्करी।
सर्वरञ्जनिका चैव सर्वोन्मादिनिका तथा।।80।।

सर्वार्थसाधिनी चैव सर्वसम्पत्तिपूरणी।
सर्वमन्त्रमयी चैव सर्वद्वन्द्वक्षयङ्करी।।81।।

एताश्च योगिनीदेव्य: सम्प्रदायाश्चतुर्थके।
बहिर्दशारे सम्प्रोक्ता विशुद्धे पञ्चमे स्थिता:।।82।।

सर्वार्थसाधके चक्रे सर्वसिद्धिप्रदादयः।
सर्वसिद्धिप्रदा देवी सर्वसम्पत्प्रदा तथा।।83।।

सर्वप्रियङ्करी चैव सर्वमङ्गलकारिणी।
सर्वाकामप्रदा चैव सर्वदुःखविमोचनी।।84।।

सर्वमृत्युप्रशमनी सर्वविघ्ननिवारिणी।
सर्वाङ्गसुन्दरी चैव सर्वसौभाग्यदायिनी।।85।।

कुलोत्तीर्णा स्मृता एताः पञ्चमावरणे स्थिताः।
सर्वरक्षाकरे चक्रे सर्वज्ञाद्याः प्रकीर्तिताः।।86।।

सर्वज्ञा सर्वशक्ती च सर्वैश्वर्यप्रदा तथा।
सर्वज्ञानमयी चैव सर्वव्याधिविनाशिनी।।87।।

सर्वाधारस्वरूपा च सर्वपापहरा तथा।
सर्वानन्दमयी चैव सर्वरक्षास्वरूपिणी।।88।।

सर्वेप्सितप्रदात्रीं च गर्भ योगिन्य इत्यमी।
वामावर्तेन पूज्यन्ते सर्वज्ञानमयीमुखाः।।89।।

सर्वरोगहरे चक्रे वशिन्याद्यास्तु लम्बिके।
वशिनी वाग्देवता च तथा कामेश्वरी स्मृता।।90।।

सर्वेश्वर्यरुणा जयिनी मोदिनी विमला तथा।
कौलिनी वाग्देवता च सप्तमावरणे स्थिताः।।91।।

एता रहस्ययोगिन्यो वाग्देव्यो उत्तमोत्तमाः।
शारदे तव भ्रूमध्ये आज्ञा कमलकर्णिका।।92।।

पराबिन्दोर्विकसनं त्रिभुजाकारतां गता।
सर्वसिद्धिप्रदे चक्रे कामेश्वर्यादिकास्त्रयः।।93।।

कामेश्वरी स्वाग्रकोणे वज्रेशी दक्षिणे तथा।
भगमालिनिका देवी स्ववामे कोणवासिनी।।94।।

पुण्ड्रेक्षुचापपुष्पेषुपाशाङ्कुशकराम्बुजाः।
शुक्लारुणाः पीतवर्णा नानाभरणशोभिताः।।95।।

एता आतिरहस्या हि योगिन्यो ह्यष्टमे स्थिताः।
देव्यग्रकोणमारभ्य वामावर्तेन संस्थिताः।।96।।

शारदे लोकमातस्ते सहस्त्राराम्बुजे तथा।
सुधासिन्धौ मणिद्वीपे पञ्चब्रह्मासने तथा।।97।।

सर्वानन्दमये चक्रे बिन्दुमण्डलवासिनी।
कामेश्वराङ्कपयङ्के ललितापरमेश्वरी।।98।।

सर्वाभरणसंयुक्ता सर्वशक्तिसमन्विता।
सर्वमन्त्रमयी चैव सर्वदेवमयी तथा।।99।।

पुण्ड्रेक्षुचापपुष्पेषुपाशाङ्कुशचतुर्भुजा।
मन्दस्मितमुखाम्भोजा करुणार्द्रविलोचना।।100।।

कौसुम्भवस्त्राभरण शुककोकिलभाषिणी।
रक्तशुक्लप्रभापूरपदपल्लवशोभिता।।101।।

रमावाणीवीज्यमानचामरद्वयराजिता।
ब्रह्मेन्द्रादिसुराराध्यपादपद्मद्वयान्विता।।102।।

परापरेति विख्याता चिन्मयी ब्रह्मरूपिणी।
साकारा च निराकारा पराशक्तिर्विराजते।।103।।

राजराजेश्वरी देवी बिन्दुमण्डलवासिनी।
सर्वकामप्रदा सा तु सर्वानन्दमये स्थिता।।104।।

शारदे मातृकावर्णास्तत्तदावरणेतु वै।
योगिनीरूपतां याताः श्रीदेवीपरिचारिकाः।।105।।

श्रीदेवीसदृशाकाराः सर्वाभरण भूषिताः।
तत्तन्मुद्रायुताः सर्वाः स्वस्वाम्यभिमुखाः सदा।।106।।

नवभावयुताश्चैव शृङ्गारादिरसान्विताः।
भूषापेटीचामरादीन् रत्नदर्पणधारिणः।।107।।

एवं ध्यायति यो विद्वान् जन्ममध्ये सकृन्नरः।
सर्वान्कामानवाप्येह जीवन्मुक्तो भविष्यति॥108॥

सर्वथा कृतकृत्योऽसौ नराकारः शिवः स्मृतः।
श्रीदेवी तुष्यते येन सर्वे तुष्यन्ति मातरः॥109॥

श्रीदेवी ऋष्यते यस्मिन्सर्वे ऋष्यन्ति मातरः।
शारदास्थूलदेहस्य श्रीचक्रस्य मेलनम्॥110॥

मातृकाबीजराजानां योगिनीबृन्दमेलनम्।
योगिनीनां च तत्वानामिन्द्रियाणां च मेलनम्॥111॥

श्रीदेवीस्वात्मनोरैक्यं येन विज्ञायते भुवि।
स योगी ब्रह्मवेत्ता च स जीवन्मुक्त उच्यते॥112॥

तस्य दर्शनमात्रेण सर्वपापक्षयो भवेत्।
जायते ज्ञानसम्पत्तिः सर्वारिष्टनिवारणम्॥113॥

जीवन्मुक्ताश्चरन्त्येते सर्वत्र ब्रह्मवादिनः।
तार्तीयं देवि शतकं मातृकाचक्रविस्तृतम्॥114॥

त्वत्प्रीतये विरचितं त्वया प्रेरितचेतसा।
सर्वापराधयुक्तोऽहं बालभावेन क्षम्यताम्।
मातर्नमो नमस्तेऽस्तु शारदे भक्तवत्सले॥115॥

इति श्रीमत्पदवाक्यप्रमाणपारावारपारीणसकलनिगमागमसारज्ञहृदयसमयाचारतत्पर सत्यानन्दनाथगुरुकरकमलसञ्जात ज्ञाना नन्दनाथेत्यपरपर्याय सिंहभट्ल भागीरथिरायलक्ष्मीनरसमाम्बाद्वितीय पुत्रेण राममूर्तिशास्त्रविद्वद्विरचितब्रह्मविद्याविलासे शारदाचतुःशतीस्तवराजे मातृकाश्रीचक्ररहस्यसङ्केतकथनं नाम तुरीय्यपादे द्वितीयकलारूपं श्री चतुःशतीस्तवराजे तृतीयशतकं सम्पूर्णम्॥ स्वस्त्यस्तु॥ श्रीशारदाम्बा परदेवतार्पणमस्तु॥

॥ तुरीय्यशतकम्॥

शारदे तव चारित्रं तुर्यकूटे विराजितम्।
विज्ञापयामि देवेशि चिदानन्दप्रदं नृणाम्॥1॥

बाह्यपूजा न कर्तव्या कर्तव्या बाह्यजातिभिः।
सा क्षुद्रफलदा नृणामैहिकार्थैकहेतुतः॥2॥

अन्तराराधनपराः समयाः ब्रह्मवादिनः।
चतुर्विधं षड्विधं चाप्यैक्यं यत्प्रतिपाद्यते॥3॥

तदेव पूजनं देव्याः समयाचारिणां सदा॥
श्रीचक्रदेहतादात्म्यं त्रिविधं परिकीर्तितम्।
सर्वसंशयविच्छेदनार्थं सर्वं प्रकल्पितम्॥4॥

ज्ञात्वा सर्वं परित्यज्य तुरीय्यं तु समभ्यसेत्।
तुर्ये सर्वं प्रलीयन्ते ब्रह्मत्वं तेन लभ्यते॥5॥

देवतामन्त्रयोरैक्यं मन्त्रमातृकयोस्तथा।
मातृकाचक्रयोरैक्यं चक्रस्थूलशरीरयोः॥6॥

गुरुदेवतयोरैक्यं देवतास्वात्मनोरपि।
चतुर्विधं षड्विधं च एकत्वं प्रतिपद्यते॥7॥

एकत्वज्ञानतो देवि भेदद्वैतं प्रणश्यति।
द्वैतनाश मनःशान्तिः ब्रह्मानन्दमुपैति च॥8॥

श्रीचक्रभावनं यद्धि स्थूलभावनतस्तु सा।
मूलाधारादि बिन्दूनतं स्थूलचक्रेषु शारदे॥9॥

इन्दो तदर्धे रोधिन्यां नादनादान्त एव च।
शक्तौ पुनर्व्यापिकाया स मनोन्मनगोचरे।
महाबिन्दौ पुनश्चैव त्रिधा चक्रं विभावयेत्।।10।।

अखण्डमण्डलाकारः प्रकामात्मा सदाशिवः।
तदङ्ककगा विमर्शात्मा श्रीदेवी प्रविराजते।।11।।

स्वरश्मिपटलोभ्दूताः सर्वावरणदेवताः।
अग्नीषोमात्मकं बिन्दुः शिवयोः सामरस्यतः।।12।।

अखण्डमण्डलाकारं व्याप्तं येन चराचरम्।
आदौ चिन्मात्रमेव स्यात्सच्चिदानन्दलक्षणम्।।13।।

सर्वशक्तिपरं ब्रह्म नित्यमापूर्णमद्वयम्।
ययोल्लसति शक्त्याऽसौ सा स्फुटत्वमवाप्यते।।14।।

इच्छामात्रं प्रभौः सृष्टिः इच्छाशक्तिविजृम्भणात्।
बिन्दुरुच्छूनतां याता त्रिभुजाकारतां गता।।15।।

इच्छाशक्तिस्तु ते छाया स्वरूपं प्राप्य राजते।
सृष्टेस्तु मूलभूतत्वान्मूलप्रकृतितां गता।।16।।

प्रकाशात्मा बिन्दुरूपो विमर्शात्मा त्रिकोणगा।
शिवयोरंशभूतं हि नामरूपात्मकं जगत्।।17।।

रूपं च तत्त्वात्मकं नाम पश्यन्त्यादि त्रिमातृकां।
प्रपञ्चमातापितरौ शिवशक्तिरिति विश्रुतौ।।18।।

शिवो बिन्दुः तदुद्भूता त्रिभुजा शक्तिरुच्यते।
कोणबिन्दुत्रयं देवि गुणत्रयमुदीरितम्।।19।।

अव्यक्तं सत्त्वसम्भूतं महत्तत्त्वं रजस्तथा।
तमोऽहङ्कार इत्यत्र भेदज्ञानं स्फुटीकृतम्।।20।।

त्रिगुणा ब्रह्मविष्ण्वीशास्तत्तच्छक्तियुतास्तथा।
सृजने ब्रह्मशक्तिस्तु रक्षणे विष्णुरूपिणी।।21।।

संहारे रुद्रशक्तिस्तु एवं सर्गो विराजते।
बिन्दुत्रयस्तु त्रिपुटी मध्यबिन्दुस्तुरीयभूः।।22।।

चतुर्बिन्दुश्चतुष्पादं त्रिबिन्दुस्त्रिपुराऽभवत्।
पादत्रयं तु सगुणं तुरिय्यं निर्गुणं स्मृतम्।।23।।

अहङ्कारान्मनोत्पत्तिः तस्यादाकाशसम्भवः।
तस्माद्वायोस्ततो वह्नेरापोभूः क्रमशो बभौ।।24।।

चतुर्विंशतितत्त्वनि पञ्चभूतमयानि वै।
आत्मा पञ्चविंशति स्याज्ज्ञाता सोऽसङ्ग ईरितः।।25।।

अव्यक्तादि मनोऽन्तानि पश्यन्तीस्थानतां ययुः।
मध्यमा पञ्चभूतात्मा तत्त्वजालस्तु वैखरी।।26।।

नामरूपात्मकं विश्वं जगदेतच्चराचरम्।
त्वन्मायावशगाः सर्वे वैखरी मध्यमाश्रिताः।।27।।

तस्मात्तुरियरूपं तु कथं विज्ञायते नरैः।
आरोहणक्रमादेव प्रथमस्य तुरीयता।।28।।

बाह्यदृष्टिपराः सर्वे प्रत्यग्बोधविवर्जिताः।
भेदवादरताः सर्वे स्वरूपं विस्मृतिं गताः।।29।।

नामरूपात्मकं विश्वं सत्यवदाभाति सर्वदा।
सत्तारूपं चिदाकारं सर्वं व्याप्तं न जानते।।30।।

त्वत्पादस्मरणाद्देवि तुरियज्ञानसम्पदः।
नाल्पेन लभते तत्तु जन्मकोटिशतैरपि।।31।।

गुहायां परमे व्योम्नि सत्यज्ञानादिलक्षणम्।
ब्रह्मस्थानं महेशानि तैत्तिरीयश्रुतीरितम्।।32।।

यदन्तं पञ्चकोशानां गुहाशब्देन गीयते।
शरीरत्रितयादन्यं तदेव स्यातुरीयकम्।।33।।

द्वादशान्तं ललाटोर्ध्वं कपालोर्ध्वावसानकम्।
द्व्यङ्गुलोर्ध्वं शिरोदेशात्परं व्योम प्रकीर्तितम्।।34।।

स्थूलमेवाभिमन्यन्ते केचिज्जीवत्ववादिनः।
द्वयोस्तु मायासाम्यं स्यात्स्वर्णशृङ्खलवत्सदा।।35।।

चैतन्यं यदधिष्ठानं लिङ्गदेहश्च यः पुनः।
चिच्छाया लिङ्गदेहस्था तत्सङ्घो जीव उच्यते।।36।।

प्रतिबिम्बप्रधानेन जीवभावो विराजते।
प्रतिबिम्बस्तु मिथ्यैव तस्यैव चलनादिकम्।।37।।

पञ्चकोशाः पञ्चभूताः शरीरत्रितयं तथा।
चतुर्विंशतितत्त्वानि लीयन्ते जीवसङ्क्षये।।38।।

अविचारकृतो दोषो ज्ञानदृष्ट्या निवर्तते।
स्वान्तःस्थमात्मविज्ञानं तद्ब्रह्माकारतां नयेत्।।39।।

जीवबुद्ध्या हि बन्धत्वं ब्रह्मबुद्ध्या हि मुक्तता।
मनोमात्र पदेऽध्यक्षौ बन्धमुक्ती इति स्मृतेः।।40।।

नामरूपे प्रकृत्यांशौ अस्ति भाति प्रियञ्चितः।
असत्येनावृतं सत्यं सत्तामात्रमगोचरम्।।41।।

इति निश्चित्य मेधावी तुरीयं समुपाश्रयेत्।
पादत्रयं परित्यज्य यस्माद्भूतं तमाश्रयेत्।।42।।

बीजभूतं तुरीयं स्यासत्संविद्बिन्दुस्वरूपकम्।
सितशोण विमिश्राख्यं कोणबिन्दुत्रयं शिवे।।43।।

मिश्रबिन्दुर्मुखं ते स्याद्रविमण्डलभासुरम्।
सितशोणौ स्तनौ स्यातामग्नीषोमत्वमागतौ।।44।।

संविद्बिन्दुः कटीभूतं सर्वकारणरूपकम्।
निराकारा पराशक्तिर्निर्गुणा गुणतां ययौ॥45॥

त्रिबिन्दुरूपा त्रिपुरा तुरीय्या तु पराम्बिका।
बिन्दुसङ्केतमज्ञात्वा मोहपङ्के निमज्जति॥46॥

बिन्दुत्रयं तु त्रिपुटी लोके यद्यद्विराजते।
त्रिपुटीयन्त्रसञ्जाता तत्तुरीयमितीर्यते॥47॥

चतुष्पादात्मकं ब्रह्म कलाषोडशकं तथा।
पादत्रयं तु सगुणं तुरीय्यं निर्गुणं भवेत्॥48॥

चतुष्कलात्मकं पादमाज्ञादिद्वादशान्तकम्।
तुर्यकूटं तदेव स्यात्तुर्यपादं तदेव हि॥49॥

मातृकान्ते शवर्गं तु तुर्यावस्थेति कथ्यते।
कलाचतुष्टयं तत्र तुर्यतुर्या परा कला॥50॥

चन्द्रस्य षोडशो भागः तुर्यतुर्यो भवेत्सदा।
नित्या ध्रुवा च सादाख्या सरघा चित्कलेति च॥51॥

शुद्धविद्या शवर्णं स्यात्षकारो ह्यीश्वरः स्मृतः।
सदाशिवः सकारः स्याद्धकारश्चिन्मयः स्मृतः॥52॥

हकारस्तु वियद्बीजं वियच्चिद्रूपमेव हि।
चिन्मात्रं तु तुरीयं स्यात्तुर्यातीतं क्षकारकम्॥53॥

शुद्धविद्यादयो देवाः तत्तच्छतकरूपिणः।
तुरीय्यशतकं देवि तुर्यतुर्यत्वमागतम्॥54॥

तुर्यावस्थासु संसिध्द्यै तुर्यपादनिरूपणम्।
तुर्यावस्थां समभ्यस्य तुर्यातीतो भवेत्सुधीः॥55॥

साधकानां सुबोधाय स्वरूपज्ञानसिद्धये।
तुर्यावस्थास्वरूपं तु वर्ण्यते चिन्मयः शिवः॥56॥

जाग्रत्स्वप्नसुषुप्त्यैस्तु व्याप्तं सर्वमिदं जगत्।
तुर्यावस्थां ब्रह्मविदो जानन्ति न च पामराः।।57।।

स्वप्नं माया जगद्भानमुभयोर्मेलनात्मकम्।
जाग्रद्वासनयोर्भूतं सुषुप्तिश्च प्रदृश्यते।।58।।

स्वप्नान्ते जागृतिं याते स्वप्नं मायेति वेत्ति हि।
स्वप्ने स्वप्नस्तु मायेति न जानन्ति कदाचन।।59।।

तथैव तुर्यज्ञाने हि जगन्मायेति दृश्यते।
तथैव जाग्रन्मायेति जाग्रज्ज्ञानेन बोधति।।60।।

त्रिषु धामसु यद्भोज्यं भोक्तां भोगश्च यद्भवेत्।
तेभ्यो विलक्षणः साक्षी चिन्मात्रो लक्ष्यते पृथक्।।61।।

यदा तुरीय्यं लभते तदा जाग्रन्मृषा भवेत्।
तल्लाभाय विचार्यं हि तुरीय्यं सत्यरूपकम्।।62।।

स्वप्नं मायेति संत्यज्य उभयत्र विलापनात्।
जाग्रत्सुप्ती प्रदृश्येते सर्वानुभवगोचरे।।63।।

जाग्रज्जीवो विश्व इति स्वप्नस्थस्तैजसः स्मृतः।
प्राज्ञः सुषुप्तिमापन्नो तुर्यगः साक्षिरुच्यते।।64।।

स्वप्ने त्यक्ते सुप्तिजाग्रद्द्वयमेव प्रदृश्यते।।
द्वयोर्मध्यगतावस्था तुर्याख्या विदिता बुधैः।।65।।

जागरे सर्वसंसारः सुखदुःखादिकं तथा।
सुप्तौ जडस्वभावश्च न किञ्चिदपि वेदनम्।।66।।

द्वयोर्मध्यगतावस्था तुरीय्यमिति कथ्यते।
मनश्च बुद्धिरित्येतौ अन्तरिन्द्रियरूपकौ।।67।।

ताभ्यामेव प्रजायन्ते पञ्चावस्थाश्च शारदे।
सङ्कल्पनं मनोरूपं निश्चयो बुद्धिरुच्यते।।68।।

नेत्रे जागरणं विद्यात्कण्ठे स्वप्नं समाविशेत्।
हृदयस्थं तु सौषुप्तिः तुरीयं मूर्ध्नि संस्थितम्॥69॥

तुर्यकामी जागरस्थो मनःशून्यं प्रकल्पयेत्।
बुद्धेश्चिदालम्बनं च दद्याच्छिरसि चैन्दवे॥70॥

तदा तुरीयं लभते निर्मनो बुद्धिसम्भवे।
परं पौरुषमास्थाय बाह्यवृत्तिं परित्यजेत्॥71॥

अन्तर्मुखपरो भूत्वा चिदालम्बनतत्परः।
अन्तर्लक्ष्यं समभ्यस्य वृत्तिशून्यं प्रकल्पयेत्॥72॥

सहस्रारे द्वादशान्ते बिन्दुमण्डलमध्यगः।
चिच्चन्द्रमण्डलाकारः साक्षी तत्र विराजते॥73॥

स एवात्मा स्वस्वरूपोऽहमित्येवाभिधीयते।
ज्ञात्वां तं सर्वभावेन तस्मिन्स्वं प्रविलापयेत्॥74॥

प्राणायामादिकं त्यक्त्वा स्थूलोपायं विकल्पकम्।
अविकल्पकरूपेण स्वचित्तेन स्वसंविदा॥75॥

अब्जासनेनोपविशेत्समाधिं प्रविशेत्सुधीः।
यावद्यावदहङ्कारो विस्मृतोऽभ्यासयोगतः।
तावत्तावत्सूक्ष्मदृष्टेर्निजानन्दोऽनुभूयते॥76॥

अलीनत्वान्न निद्रैषा ततो दहोऽपि नो पतेत्।
न द्वैतं भासते नापि निद्रा तत्रास्ति यत्सुखम्।
ब्रह्मानन्दं तमेवाहुः सत्रे ब्रह्मविदो जनाः॥77॥

मनोलयं प्रकुर्वीत वृत्तिशून्यो मनोलयः।
यदा यात्युन्मनीभावं सुषुप्तिं भजते तदा॥78॥

मनोऽपि वृत्तियुक्तं यत्तज्जागरमितीर्यते।
बुद्धिश्चापि तमोभावे सुषुप्तिं भजते तदा॥79॥

मनोऽभावे बुद्धिसत्त्वे चिदालम्बनतां गते।
तदा तुरीय्यमाप्नोति न सुषुप्तिर्न जागरः।।80।।

द्वयोर्मध्यगता तस्माद्ब्रह्मावस्थेति गीयते।
सुषुप्त्यादित्रयाद्भिन्नं तुरीय्यमिति कथ्यते।।81।।

अभ्यासपाटवादेव सुसाध्यं सर्वदा स्थितिः।
स्वान्तःस्थचित्कलाकारस्तुरीय्यपदगो भवेत्।।82।।

निर्विकल्पमना भूत्वा चिन्मयो जगदाकृतिः।
स्वान्तःस्थचित्कलाकारस्तुरीय्यपदगो भवेत्।।83।।

न कर्म न च दानं हि न तपो न च यात्रता।
मनो हि विलयं यातं ब्रह्मावस्थोति गीयते।।84।।

वृत्तिशून्यं मनः कृत्वा सदालम्बनधीस्थितिः।
तदा तुरीयसम्प्राप्तिर्द्वैतता जडता न हि।।85।।

अभ्यासकाले बुद्धेस्तु चिदालम्बः प्रकीर्तितः।
क्रमेण तन्मयं याति त्रिपटीद्वैतवर्जनात्।।86।।

आदौ स्वे चित्कलां ध्यात्वा तस्मिन्लयमुदीरितम्।
क्रमशो हि निरालम्बस्तुरीय्यं स्फुटमाप्नुयात्।।87।।

मनो हि जन्मबीजं स्यात्तन्नाशे मुक्तिरीरिता।
मनो हि बन्धरूपं स्यात्तन्मनो विलयं नयेत्।।88।।

सर्वलाभात्परं मन्ये स्वात्मलाभो भवेद्यदि।
आत्मा हि ब्रह्मरूपं स्यात्ततुरीयमितीर्यते।।89।।

तुर्यावस्थासु सम्प्राप्तिः सर्वप्राप्तिरितीर्यते।
तस्मात्सर्वप्रयत्नेन तुरीयं तु समभ्यसेत्।।90।।

तत्पूर्णं ब्रह्मरूपत्वादद्वैताभावाच्च तत्सुखम्।
ब्रह्मानन्दात्परं नास्ति सुखरूपं तु सर्वथा।।91।।

स्मृत्वा जन्मतरङ्गानि ज्ञात्वा दुःखपरम्पराम्।
मत्वा प्रपञ्चं मायेति ब्रह्मत्वं प्राप्नुयान्नरः॥92॥

सर्वसंशयविच्छेदः सर्वग्रन्थिविभेदनम्।
सर्वपापक्षयस्तस्मात्तुरीयं समुपाश्रयेत्॥93॥

तुरीयं कामधेनुर्वै कल्पवृक्षस्तदेव हि।
चिन्तामणिरिति प्रोक्तममृताम्भोधिरुपधृक्॥94॥

यया तुरीयं लभते सा प्रवृत्तिर्निवृत्तता।
देहमात्राहते सर्वसङ्कल्पं परिवर्जयेत्॥95॥

यातायातं यावदस्ति तुरीयपदगामिनः।
तावत्तुरीयसंज्ञा स्यात्सर्वदा तुर्यगो यदि।
तुर्यातीतं तदेव स्यात्तदन्ते नास्ति वै पदम्॥96॥

जाग्रत्स्वप्नसुषुप्त्यादि प्रपञ्चो यत्प्रकाशते।
तद्ब्रह्माहमिति ज्ञाता तु सर्वबन्धैः प्रमुच्यते॥97॥

अवस्थात्रयकालेऽपि तुरीय्यं यस्य भासते।
तुर्यातीतं तदेव स्यात्केवलीभाव एव तत्॥98॥

न जपो न च वा ध्यानं न पूजा न क्रिया तथा।
नानन्दो न निरानन्दस्तुर्यातीतं तदुच्यते॥99॥

अम्बे तुरीय्यशतकं तुर्यतुर्यान्त वर्णनम्।
त्वच्चारित्रसमायोगं साधकानां सुसाधनम्॥100॥

श्रुतियुक्त्यनुभूतिभ्यो ज्ञातव्यं ब्रह्मतत्त्वविज्ञानम्।
सर्वं चिन्मयभावं निःसकंल्पं निरालम्बचित्तं च॥101॥

शीतलविद्युत्तेजस्त्वखण्डचित्तं सुमण्डलाकारम्।
यदा तु लभते मर्त्यस्तदैव ब्रह्मत्वसिद्धिः स्यात्॥102॥

अखण्डमण्डलाकारं चिन्मयं तु चराचरम्।
ज्ञावा तन्मयतां यातस्तूष्णीं भावं समभ्यसेत्॥103॥

ब्रह्मणा सह सर्वेषां कामानामाप्तिरिष्यते।
आत्मकामः पूर्णकामः सम्पूर्णपदगो भवेत्॥104॥

चिदाकाशे जगत्सर्वं यग्दर्भे भूतपञ्चकम्।
चिन्मयत्वं तु यस्माद्धि जगद्दृश्यं चराचरम्॥105॥

सर्वं चिदाकाशरूपं यदा पश्यति सर्वदा।
तत्तुरीयातीतमिति प्राहुर्ब्रह्मविदो जनाः॥106॥

निरालम्बतया यत्र निःसङ्कल्पो विराजते।
तुर्यातीतं तदेव स्याद्या शिलावदवस्थितिः॥107॥

नामरूपे विसृज्यैव सत्तामात्रमगोचरम्।
अन्तरिन्द्रियतो ज्ञात्वा चिन्मयत्वं तदभ्यसेत्॥108॥

तुरीय्यं तदतीतं च शारदे विस्तृतं तव।
तयोर्विज्ञानमात्रेण ब्रह्मत्वं प्राप्यते नरैः॥109॥

शारदे तुर्यशतकं तुर्यज्ञानप्रदं नृणाम्।
तुर्यतुर्यकलारूपं चतुः शत्यां विराजते॥110॥

शारदे तुर्यतीतं स्यात्क्षकारं मातृकात्परम्।
तदतीतं तु त्वन्मूलमन्त्रमेकाक्षरं स्मृतम्॥111॥

चतुर्बीजं चतुर्बिन्दुश्चतुष्कूटं चतुष्पदम्।
चतुष्टयमवस्थानां निष्कलं चिन्मयं स्मृतम्॥112॥

वान्तं यान्तं वियद्युक्ततुरीय्यं स्वरशेखरम्।
कामेश्वरीकलारूपं त्वन्मन्त्रं शारदे परे॥113॥

न शठाय न दुष्टाय नाविश्वासाय कर्हिचित्।
सच्छिष्यायोपदेष्टव्या गुरुभक्ताय सा कला॥114॥

राजराजेश्वरीबीजं सर्वातीतं विराजते।
सैव कामकला प्रोक्ता जीवन्मुक्तिप्रदा नृणाम्॥115॥

शारदे तव चारित्रं चतुःशत्यां विराजितम्।
तुर्यपादसमुद्भूतं कलामयचतुःशतम्।।116।।

त्पत्प्रीत्यै रचितो देवि त्वया प्रेरितचेतसा।
सर्वोपनिषदां सारः सद्योमुक्तिप्रदायकः।।117।।

स्वरश्मिपटलोद्भूतदेवताबृन्दसेविताम्।
जगन्मातां जगद्रूपां श्रीदेवीं प्रणमाम्यहम्।।118।।

स्थूले सूक्ष्मे च वासोऽसौ ग्रन्थकर्ता विराजते।
सिंहभट्टलसुवंश्येन राममूर्तिमनीषिणा।।119।।

शारदाम्बाचतुःशत्यास्तु ताः सप्रीतिपुरःसरम्।
साधकानां सुबोधाय विरच्य प्रकटीकृतम्।।120।।

शालीवाहशके नेत्र भूतवस्विन्दुवत्सरे।
प्रमोदूताश्वयुङ्मासे शुक्ले च दशमीतिथौ।।121।।

गुरुवारे शारदाम्बाचतुःशतमितं स्तवम्।
सतात्पर्यं च संलिख्य पराशक्त्यै श्रियेऽर्पितम्।।122।।

इति श्रीमत्पदवाक्यप्रमाण पारावार पारीण सकल निगमागमसारज्ञहृदय सर्वतन्त्रस्वतन्त्रसत्यानन्दनाथ गुरुकरकमलसञ्जात प्रतिभासमेत ज्ञानानन्दनाथेति दीक्षानामशालिना सिंहभट्टल भागीरथिरायनरसमाम्बा द्वितीय पुत्रेण राममूर्तिशास्त्रिणा विरचितमिदं सतात्पर्यं श्रीशारदाचतुःशतीस्तवराजं सम्पूर्णम्।

।।श्रीशारदाम्बा सुप्रीता भवतु।।

।।श्रीपरदेवतार्पणमस्तु।।

।। स्वस्त्यस्तु।।

ŚRĪ-ŚĀRADĀ-CATUŚŚATIKĀ

JÑĀNĀNANDA-NĀTHA

SUBMISSION (VIJÑĀPANĀ)

This is the preliminary section which seeks to submit this work at the feet of the Goddess, with the hope that the contents thereof will aid the seekers of Brahman. The author tells how his own delusion that he was the body, senses etc was dispelled by the grace of the Mother-goddess, and how the realization of 'aham' as identical with the Goddess herself dawned on him. In thirty-three verses the author summarizes the Śākta view that the Ātman is indeed the supreme Goddess.

INTRODUCTION (AVATĀRIKĀ)

The supreme Brahman in whom all powers are comprehended, divided himself into two aspects 'pure' (Śuddha) and 'variegated' (*Śabala*). The latter, also known as '*sa-guṇa*' aspect, has four quarters, three of which consist of the world, the fourth being pure consciousness. The last quarter has again four sub-quarters, each called a '*kalā*, (fragment), giving us sixteen of them. The last sub-quarter which is further sub-divided into four, has the last division identical with the supreme spirit. The first *kalā* here is called 'pure' knowledge (*śuddha-vidyā*), the second the 'Sovereign' (*īśvara*) the third 'even benign' (*sadā-śivā*), and the fourth 'pure consciousness' (cin-maya) or the supreme mother.

The supreme mother manifests herself in four hundred ways. The Primordial Nucleus (Parā-bindu), which is the complete, undifferentiated and unitary Mother assumes for the sake of the ignorant folk three forms : *paśyantī, madhyamā* and *vaikharī*. The highest abode is the parā; and the fourth is *vaikharī*, where ordinary folk reside. The devotee has to ascend in stages to the highest, which is '*turīya*' (the *parā*) have been dealt with here in the four centums (*catuś-śatī*).

The first centum deals with the problem of '*ātma*' and '*anātma*' (spirit and matter). The second treats of 'inward orientation' (*antar-mukhatva*). In the third centum, the forms that the Mother-Goddess (*māṭrikā*) assumes, especially in the mysterious Śrī-cakra, are explained. And the last centum describes the spiritual attainments of the 'fourth' stage (*turya*) and the stage beyond that (*turyātīta*).

THE FIRST CENTUM

From the lotus-feet of the Goddess emanate 360 rays of light, which correspond to the 360 days of the year. These have been grouped into three divisions (*maṇḍalas*) names after Agni (with 108 rays), Sūrya (with 116 rays) and Soma (with 136 rays). The entire universe and the time-principle are comprehended in these 360 rays, which are manifest in the Mother-Goddess herself. The world in its entirety shines in her, and she is luminous everywhere. She is of the nature of consciousness-sky (*cidākāśa*), which indeed is the support for all things. She reveals herself with form as well as without form in all things and at all times.

In the individual, she resides in the Sahasrāra centre (*bindu-maṇḍala*) as the eternal witness of all that happens in the three states : waking, dreaming and sleeping. All forms are hers, and yet she is without forms. Her nature is pure consciousness. But it is because of her mysterious productive power (*māyā*) that the world appears real; but when by wisdom, one conquers this web of *māyā*, everything is pure consciousness only. Forgetting the mother, the people are fettered, but once they know, they are freed. She is herself the form of liberation. All phenomena is really pure consciousness; the world is illumined by consciousness. The world of names and forms is indeed Śāradā herself.

In the heart of her devotees, she shines as consciousness (buddhi); the pure one shines pervading everything. She is the 'life' of everything, the 'being' in all things. The fool does not know that without her presence, it is only inertness. The individual wanders about in search of her in vain, without realizing that she is within himself as his very soul. As long as this realization is not got, involvement in *saṁsāra* does not cease. As soon as one realizes, he becomes freed here and now (*jīvan-mukta*).

She comprehends all gods, all the *mantras*, all the ritualistic actions and all the worlds. She has forms, she is also bereft of forms; she has attributes, she is also devoid of attributes. She is beyond names and forms. She is mere existence and pure consciousness. If one leaves behind names and forms and realizes her existential presence as pure awareness, he becomes immortal and obtains the Brahman. She is the self of all beings, witness of all the three states, and life of all things. No one who does not recognize her as his own self will wake up in a great length of time; he is deceived by *māyā*, and does not preceive the self which perceives everything, the knower that knows everything. The self is the knower of the knower, perceiver of the perceiver, the eternal and immutable witness (*sākṣī*).

The witness is where the perceiving and the preceived objects cease to operate in the perceiver; it is every one's own nature (*sva-svarūpa*). It is also the nature of the mother, which enables all knowledge and which supports the entire universe. By understanding ones own nature, one understands the form of pure consciousness.

The self is verily the absolute, and one does not differ from the other. One gets freed from bondage by realization of "I am Brahman". Absence of this realization is bondage, and this is caused by mind. When the mental processes are erased, the mind itself is eliminated, and when mind is eliminated, it is liberation (*mukti*).

Freedom from mind is liberation; association with mind is bondage. It is by rejecting the resolves (*saṇkalpa*) that mind can be voided. Giving up these mental resolves is really what renunciation is. Giving up everything is the means of realizing Brahman.

By suppressing mind, the one-pointedness of consciousness is achieved, and by relying on this state of consciousness, the bliss of consciousness (*cindānanda*) is experienced. Dualism is a creature of the mind and the voidness of mind is non-dualistic. Mind indeed is *māyā*, and that is how dualism is an illusion.

The dualism of the world is caused by the dependence upon māyā (*māyopādhi*) even as the one moon appears as many in diverse pools of water which reflect it. Pure consciousness is like the object, and the world is like its reflection. When the falsity of dependence-reflection is understood, Brahman alone remains. For the wise, differences do not exist; it is only the fools that have ideas of difference.

Arising from pure consciousness, the entire world which is false appears as real. There can be no delusion apart from this, or greater than this. The clouds shine in the sky only when the rays of the sun fall on them; but the clouds can hide the sun from our view, and suggest his non-existence.

Not knowing the real nature of an object and imagining the object to be different from what it really is are called 'delusion' (*moha*); and is also known as '*māyā*'. Even as a rope is mistaken for a snake, the wordly involvement is projected upon the self; and this false apprehension is the source of all suffering.

By inquiring into the nature of the self and distinguishing it from the non-self, which inquiry is known as dicrimination (*viveka*), the self is realized before long. This is the only means of attaining to Brahman; and it will eliminate delusion. One who follows this technique will become liberated immediately (*sadyo-mukti*).

It is the supreme mother-goddess, Śāradā, that bestows on the ignorant folk who wander about with mistaken notions, liberating knowledge.

The desire to enjoy wordly pleasures must be given up, for it is what binds the individual always; the worldly pleasures are short-lived, transient and bring about suffering in the long run. The desire to enjoy them are like the images seen in the mirror; they are unreal.

Bondage results from ignorance of ones own real nature. The mother-goddess Śāradā bestows on us the knowledge that will dispel ignorance.

Involvement with the world (*pravṛtti*) means orientation which is outward. Withdrawal (*nivṛtti*) is inward-orientation. Involvement is dualism while withdrawal is non-duality. Abandoning the worldly wisdom, one must turn inward. And while turning inward, one must provide some support for the mind. Knowing the object that is within oneself is known as inward-orientation.

The gross body is equipped with four-pegs, six-lotuses, three *maṇḍalas*, three knots, and three divisions, and it bound to the transcendental channel known as suṣumnā. Beginning with the loins and ending with the meeting place of the eyebrows are three divisions. From the eyebrows to the top of the forehead called Dvādaśānta is the area which is transcendental (*turīya*). There is here space which is supreme (*param vyoma*), and which is the residence of Brahman. The moon and the fire meet here; and in the nucleus area (*bindu-sthāna*), the moon of pure consciousness shines amidst the sea of nectar.

This is the seat of the witness, and it is here that the supreme goddess shines. This is what the scriptures describe as the supreme space within the heart-cave.

One who longs for bliss must abandon the outward orientation, for it leads to bondage. Inward-orientation it is that brings about happiness. The outward orientation is withdrawn by taking reliance on the mother-goodess. She is the support (*ālambana*), and she is luminous like a thousand lightnings and a crore of moons. And she is subtle like the inner tube of a lotus-stalk. By relying on her the mind gets steadied, like a tired bird in its nest.

Here ends the first centum wherein pure knowledge that is known as discrimination between self and not-self is expounded.

THE SECOND CENTUM

The supreme vital channel in the human body (*viz.*, the *suṣumnā*) emanates from the centre known as *sahasrāra*, the thousand-petalled lotus, and subtle like the inner vein of the lotus stalk, blazes like unto a streak of lightning, but steady. This channel flows downward, and in a curving path assumes the form of fifty letters of the alphabet (from 'a' to 'ha') and reaching the four-petalled *mūlādhāra*, rests there.

The *mūlādhāra* is so called because it is the primordial support for the world and for all the bodies. It is indeed the foundation of everything. When the transcendental becomes the foundation, and becomes a sleeping serpent, the goddess involves herself in the transactional world, and the bondage of *saṁsāra* arises.

The transcendental channel, suṣumnā, is also known as *brahma-nāḍī*, and in it is founded the world, visible and invisible, the other planes of existence, the oceans, the seven islands and all the mountains.

In the space within the top of the head (*dvādaśān-tasthāna*) Sadāśiva abides, like the full moon in the sky. The great power that emanates from here, like a fire, is called '*vimarśinī*' (which was, till the moment of emanation, absorbed in him). This transcendental fire-like channel differentiates itself into six psychic centres (*shaṭ-cakra*) and three knots (*granthi-traya*).

The centre that functions like the foundation is *mūlādhāra*, the four-petalled lotus representing the earth-element; above it is the *maṇḍala* of the fire, known as *svādhiṣṭhāna*, where the fire blazes forth and which is the seat of the goddess.

Next is the ten-petalled *maṇipūra*, filled with jewels and source of all the gods and stellar bodies. And the goddess reveals herself there like a flash of lightning to the practitioners of '*samayācāra*'.

Anāhata, 'unstruck', is the centre where sound arises without being struck, giving rise to air; this is the lotus with twelve petals. This is the lotus of conciousness (*samvidkamala*), for it is there that the fire of consciousness burns, and the glorious goddess whose from is pure consciousness rests.

The centre in the region of the neck (or throat) of the goddess is the sixteen-petalled lotus, where the principle of sky (*viyat*) takes its birth; and Śiva is worshipped here in *viśuddha* with the rays of the moon by the practitioners of internal worship (*antaryāga*).

Ājñā is the centre in the shape of a lotus with two petals only, located in between the two eye-brows of the goddess. It is so called because the knowledge of the transcendental goddess occurs here slightly (*īṣān-mātra*), like a flash of lightning. Inside this centre is the triple-peak. (*tri-kūṭa*, giving rise to the three vital channels, *iḍā, piṅgalā* and *suṣumnā*, and the three sacred streams Gaṅgā, Yamunā and Sarasvatī, and the three maṇḍalas (the realms of sun, moon and Fire) unite here. This is the residence of the goddess as Tripurā, and time takes its birth here. Above this centre is the '*turīya*', the transcendental. The transcendental centre is the realm of brilliant moon-light, where resides the moon of consciousness; time is not differentiated here as day and night. Stretching from the middle of the eye-brows till the top of the head (*dvādaśānta*), it is here that Brahman abides as witness and as pure consciousness. This is the seat of the transcendental nucleus (*parā-bindu*). Once the practitioners of Tantra dissolve themselves in this centre, there is no more rebirth for them.

This centre is lustrous like a crore of lightnings, bright like the sun, but cool like a crore of moons. It is the moon-light coming out of the moon of consciousness; it is the image of the ocean of ambrosia.

It is only as a result of the merit accumulated in several previous births that an individual gets the desire to liberate himself from the bondage of phenomenal existence, becomes free from passionate interest in the world, and develops a dislike for worldly pleasures. Then, he withdraws his mind form the functions of the prakṛti (*viz.*, the three guṇas) and turns his mind inward for obtaining the bliss of Brahman. Mind indeed is the cause of one's bondage as well as freedom; and when that mind is dissolved, that is known as liberation. Involvement in the world and withdrawal are alike the functions of the mind. Involvement leads to bondage and withdrawal to liberation.

The common people are outward-oriented; they shun turning their attention inward. Their mind is full of impressions that are powerful and productive (*vāsanā*). Mind is thus of the nature of *māyā*. By making the mind rest (cease to function), one gets all benefits, and it is only then that the absolute will manifest in the form of all things.

Mind assumes the form of '*vimarśā*' and becomes a process. It is Śakti, while consciousness is Śiva. Mind and consciousness are always together and are in unison. When mind (which is Śakti) is dominant, consciousness (which is Śiva) becomes one with it. If, however, consciousness (as *prakāśa*) becomes dominant, mind (as *vimarśā*) becomes dissolved in it.

The waking state of the world, and the knowledge of duality is the play of śakti (mind); consciousness (*prakāśa*) gets dissolved in it. When mind rests, consciousness becomes ascendent, and then people have discrimination (between self and non-self); and this makes for the welfare.

When the self is understood, then there is withdrawal from the worldly interests; one becomes inward-oriented, and there is attainment of oneself.

The Iḍā-channel (representing sun) flows through the right nostril and Piṅgalā channel (representing moon) through the left nostril. The courses of the sun and moon alter in a *muhūrta*; and in the *ājñā* centre, which is the tripleseat, the three channels (*viz.*, *Iḍā*, *piṅgalā* and *suṣumānā*) meet. Iḍā and Piṅgala are the sacred rivers Gaṅgā and Yamunā. They unite with the hidden stream Sarasvatī, and where the three meet is the sacred place Prayāga, (*viz.*, the *ājñā* centre).

When the restraining of respiration is practised, it will purify the channels for the practitioner. While, however, breath is being held in check, one must contemplate upon Brahman. Then the sleeping serpent (*viz.*, *kuṇḍalinī*) will wake up stricken with hunger and indignant. United with the fire at the *svādhiṣṭhāna* centre it will enter the *suṣumnā* channel and move upward, wanting to reach her own place and longing for union with her consort (*viz.*, Śiva).

The transcendental channel (*viz.*, *suṣumnā*) is upward-oriented and ascending, it breaks through the three knots and the six centres, finally reaching her own abode (in the *sahasrāra*). The *mūlādhāra* and *svādhiṣṭhāna* centres are together known as the realm of fire (*vahni-maṇḍala*); and above the *svāidhishṭhāna* lotus is the knot of Brahma (*Brahama-granthi*). A knot is where the real and the unreal unite. When the attachment to the gross world is abandoned, it is spoken of as the breaking through of the knot of Brahma.

The *anāhata* and *maṇipūra* centres are together spoken of as the realm of the sun (*saura-maṇḍala*), and above the *anāhata* centre is the knot of the Viṣṇu (*viṣṇu-granthi*). The appropriation of the self-hood (*jīvatva*) and the subtle body is this knot, and when the attachment to the subtle body is given up, the knot of *Viṣṇu* is broken through.

The *viśuddha* centre in the throat, and the *ājñā* centre in between the eyebrows constitute the realm of the moon (*candra-maṇḍala*), and above the *ājñā* centre is the knot of Rudra (Rudra-granthi). The abondonment of the attachment to the causal body is what is known as breaking through the knot of Rudra.

The knot is known as dualism and breaking through it is non-dualism. Dualism is bondage and non-dualism is freedom.

When thus the goddess transcends the six lotuses and the three knots, breaking through the three realms, and reaches the world of light, then she is said to abide in the realm of the nucleus (*bindu-maṇḍala-gā*).

There the great goddess who is in the form of fire gets united with the moon of consciousness, and showering the rain of ambrosia will cleanse the vital channels. The transcendental channel is the individual self (*jīva*), and the moon of consciousness is the Brahman. The unison of the two is known as emancipation (*mokṣa*).

Uniting with Śiva who abides in the realm of nucleus (*bindu-maṇḍala*) within the thousand-petalled lotus (*sahasrāra*), the goddess will obtain the supreme bliss of consciousness. The union of Śiva and Śakti in this manner is known as *advaita* (non-dualism), the state of Brahman (*Brahma-pada*), and liberation while one is still alive (*jīvan-mukti*). When the practitioner, perceiving the union of Śiva and Śakti in the thousand-petalled lotus, dissolves himself in this union. It is known as *kaivalya* (supreme isolation) and immortality. This is also called *turīya* (transcendental).

When one regards himself as an individual soul, he is indeed the invdividual soul; if, on the other hand, he looks upon himself as Brahman, he is Brahman. The mind alone is the cause of bondage; giving it up is emancipation. When the mind is dissolved, and the false ascription of individual hood is removed, it is emancipation; it is also known as Brahman. Being devoid of mental processes, and being bereft of will is called the dissolution of mind, which is the transcendental state.

It is when the mind is active, questions and answers occur in an endless series. The mind indeed is the source of rebirth, and therefore the destruction of the mind means emancipation. When the mind in blank, everything is blank, for the world is only mind and nothing else. When the mind is dissolved, what remains is pure consciousness, which will be all that presents itself.

Know threfore that all is Brahman, and remain quiet. It is in quietitude that Brahman will doubtlessly be achieved. Brahman is what was there at the beginning; and Brahman will remain at the end. How can another thing come in between? Whatever crops up in the middle is but delusion (*māyā*). Ascertain that the ego is after all a false appearance. When consciousness is mixed up with the mind, the world comes into being; when consciousness is pure and isolated, it is Brahman; and it is the supreme goddess. Whatever is distinguished from it is *prakṛti*, the realm of *māyā*.

From the basal centre (*mūlādhāra*) till the centre between the two eyebrows (*ājñā*), three peaks are recognised; and the three peaks represent the three planes : the earth (*bhū*), the atmosphere (*bhuvaḥ*) and the heavens (*suvaḥ*) Beyond the three is the transcendental plane (*turīya*). The three planes (quarters) contain all the worlds; what is beyond the three planes produces the worlds. That is the supreme Energy, the transcendental truth, shining like a nucleus (*parā-bindu*) in the trancendental space (*parākāśa*). The principle of projection and presentation (*māyā*) takes its birth here, and functions like its shadow and becomes the world of names and forms.

The *māyā* is thus known as the seed of the world, which is of the nature of mind and nothing else. Pure consciousness is the aspect of Brahman, and the mind is the aspect of *māyā*. When the two combine, the world comes about, and the two remain inseparable. To tear them apart and to dissolve the mind requires great effort. One must understand that the mind is coeval with the transmigratory existence (*saṁsāra*), which is a web of misery. To get rid of the mind is therefore the bliss of Brahman. Hold fast to pure consciousness (*buddhi*), and give up the mind; become inward oriented and remain contemplating upon the witness. When the pure consciousness (*buddhi*) becomes steadfast, mind naturally vanishes leaving no trace whatever.

Beyond the psychic centre between the eyebrows (*ājñā*) is the plane of existence known as the realm of reality (*satya-loka*), also called the home of Brahman (*brahmapura*) or the world of light (*jyotirloka*), which is brilliant by the lustre of Brahman and where sun or moon do not shine. There is no distinction between day and night there; nor is there any reckoning of time.

It is the realm of the unitary nucleus (*bindu-maṇḍala*) within the thousand-petalled lotus (*sahasrāra*). Pure consciousness abides there as a mere witness. It is brilliant like a crore of suns and it is cool like a crore of moons. It is the state before creation, when heat and cold were one, the moon and the fire were united.

The transcendental plane (*turīya*) is so called in contradistinction with the three planes of existence stretching from *mūlādhāra* till *ājñā*, and comprehending the three worlds, the three peaks, the three bodies and the three states of mundane existence, constituting the three sides of a triangle and the three divinities (Brahma, Viṣṇu and Rudra) and expressed through the three stages of life (celibate student, householder and renunciant). The three aspects, distinguished from the transcendental, produce the whole world, and the three phases of time (past, present and future).

There is nothing higher than the transcendental plane (*turīya*); and the divine will (Kāma) takes shape there; the nucleus (*bindu*) comes into being. The trancendental is the supreme form of godhead, the form of the highest Brahman. Pure-consciousness and bliss (cidānanda) constitute the nature of this phase; it is the stage of pure light, the home of the great goddess.

The nucleus is the lunar orb of pure consciousness, and is said to be made up of fire and moon (*agnīṣoma*). All energy is located there. The principle of the Absolute (Brahman) is not different from this nucleus. The supreme nucleus (*parā-bindu*) manifests itself as a triangle, when the principle of projection and presentation (*māyā*) which is in its womb, becomes active. This triangle represents the three primordial guṇas (*sattva, rajas* and *tamas*) and is known as the emanatory nucleus (*aparā-bindu*), while the midmost point within this triangle is the non-manifest supreme nucleus (*avyakta*). The triangle represents of fifty letters of the alphabet, and the nucleus abides in all of them in an unmanifest manner.

The non-manifest (*avyakta*) is the creature of the will of the supreme goddess; and it functions like the reflection of the great goddess. This is what we call *māyā*, the principle of projection and presentation; and it is this which is responsible for the creation and dissolution of the worlds.

Thus there are two aspects of the goddess; The supreme (*parā*) and non-supreme (*aparā*).

The supreme aspect is the transcendental Brahman while the other aspect is the world. In her latter aspect, the goddess is described as the 'Deluder' (*mohinī*). The supreme aspect is the nucleus of pure consciousness (*cid bindu*), which is known as purusha, the principle of light (*prakāśa*) and the ever-benign (*sadāśiva*). The other aspect is the energy (*śakti*), the principle of reflection (*vimarśā*), and the experiental core of the mundane world (*paśyantī*). The supreme nucleus of pure consciousness (*cidbindu*) is the unison of moon and fire. The moon takes the form of light (*prakāśa*), nd the fire the form of the 'ever-being' (*sadā-śiva*). The supreme goddess, who is of the nature of *vimarśā* is known as the primordial nature (*mūla-prakṛti*).

The nucleus of pure-consciousness which is indeed primordial is described as the mixture of white and red; this mixed nature endures in the next stage also (*paśyantī*). Śiva and Śakti are regarded as the parents of the world; the aspect of pure consciousness (*cid-aṁśa*) is the individual soul (*jīva*) and the energy aspect is the complex of body, sense faculties and mind (*kṣetra*). The psychophysical complex is of the nature of names and forms whereas the seed there of (the *prakāśa* aspect) is mere existence or reality, pure consciousness and bliss (*sat-cit-sukha*). But the world is a mixture of the real and the unreal; it comprehends the real aspect of the *prakāśa* as well as the unreal projections of māyā.

In all the details of the world, puruṣa (the *prakāśa* aspect) and Prakṛti (the *vimarśā* aspect) are manifest; in all the names and forms these two are seen. But the truth behind both of them is not seen. The world is the product of the union of the white nucleus (*śiva* aspect) and the red nucleus (*śakti* aspect). The two principles endure even in the red-nucleus (*Śakti*) which is of the nature of names and form. The forms aspect represents the white nucleus, and the name aspect the red nucleus. When the red nucleus crystalizes, the primeval sound (*dhvani*) emerges as Śiva, and later the articulate sound (*nāda*) as the Śakti.

The entire world is thus a mixture of the real and the unreal; understanding this is really what highest knowledge (*jñāja*) means.

THE THIRD CENTUM

When, at the beginning of creation, the '*parā bindu*' or the transcendental and supreme Nucleus known as Brahman attains the state of '*paśyantī*' filled with all energy, it is described as Māyā, for the entire world comes out of it; the nucleus assumes the shape of a triangle, the presiding deity of which is the primordial nature, the deluding power of the great goddess, the reflection of the great goddess and responsible for creation, preservation and dissolution.

When '*paśyantī*' evolves into *madhyamā*, it divides into two aspects : subtle and gross. The subtle aspect consists of seven primary notes, while the gross transforms itself into the eight groups of letters (*aṣṭha*-varga), and when the '*madhyamā*' become '*vaikharī*', the fifty letters of the alphabet. When the supreme nucleus (*parā-bindu*) evolves into the 'all-preceiving' (*paśyantī*), primal sound (*nāda*) arises, and this makes the 'middle state' (*madhyamā*) possible. The subtle aspect is what occurs inbetween '*parā*' and '*paśyantī*' and the gross aspect occur in between '*paśyantī*' and '*vaikharī*' (explicit or articulate). The former consists of the seven basic notes, which constitute the Vedic corpus as well as the science of music, and the latter all language, in groups of vcables ('a', 'ka','ca', 'ta', 'pa','ya', and 'śa' groups).

All these emanations are located in the transcendental channel (*parānāḍī* or *suṣumnā*), which is bright like the realm of Fire (*agni-maṇḍala*). Parā, *paśyantī*, *madhyamā* and *vaikharī* are four stages in the very same channel. Speech threfore is transformation of fire; vital current, of water; and mind, of food (anna-maya). The transcendental channel emerges from the lunar orb of consciousness within the thousand petalled lotus, and finally it assumes the articulate form of *vaikharī* consisting of fifty letters (from 'a' to 'ha').

The goddess flows out of the thousand-petalled lotus, descends through the *suṣumnā*, in a crooked path, and when she reaches the middle of the eyebrows she becomes a serpent within the lotus of two-petals of the *ājñā* centre. Further, as she descends into the throat she constitutes the viśuddha centre, a lotus of sixteen petals, and further down the *anāhata* centre with twelve petals, the *maṇipūraka* with ten petals, the *svādhiṣṭhāna* with six petals and finally the *mūlādhāra* with four petals. The whole phenomena manifests itself from the *mūlādhāra*. The goddess transforms herself into the fifty primordial letters (*varṇa*), Which are to be regarded as her attendent-deities (yoginīs). Accompanied by these *yoginīs*, the goddess sports in the garden of the lotus (*padmāṭavī*), *viz., mūlādhāra* centre. This is the form of the 'deluder' (*mohinī*), who assures the welfare of the world. She 'deludes' the world, by attracting all things to herself, even as a magnet draws iron-pieces to itself.

When, owing to the cumulative effect of the meritorious deeds done in prior births, an individual seeks to return 'home', then the serpent-power in the *mūlādhāra* centre, *kuṇḍalinī,* begins to ascend, and breaking through the three knots and the six lotuses reaches its own abode (in the thousand-petalled lotus). This is known as the 'waking up' of the *kuṇḍalinī*. As long as the individual abides in the *mūlādhāra* centre, he is known as the '*jīva*', fettered with births and deaths and identifying himself with the gross body. When the ascending *kuṇḍalinī* reaches the *ājñā* centre, the discrimination between self and not self (*ātmānātma-viveka*) will dawn. Going beyond this level one reaches the transcendental plane (*turīya-kūṭa*), and when he comes to the thousand-petalled lotus, the '*jīva*' gets united with the Brahman. This is the state of liberation (*mokṣa*).

The *kuṇḍalinī* is of the nature of fire. When it abides in the realm of the nucleus (*bindu-maṇḍala*) and joins the moon of the pure consciousness, the notion of duality disappears. By the advent of fire in the lunar orb, the nectar of immortality begins to ooze out, and will cause a shower of ambrosia. This signifies the unison of Śiva and Śakti (pure consciousness and supreme energy), and the transformation of the individual soul (jīva) to the absolute status (Brahmatva). The everything will shine as nothing but Brahman; only the principle of existence (*sattā-matrā*) will appear, and the world of names and forms will appear blank and inert.

The mother goddess (Śāradā) is of the nature of the primordial letter (*mātṛkā-rūpā*), and she manifests herself as the three realms (of the sun, the moon and the Fire). It is the supreme spirit (*parā-Śakti*) that has become the primordial letters in the *vaikharī* stage; the one sprit differentiates itself into the sixteen vowels and thirty-four consonants, representing the distinction between '*vimarśā*' (Śakti aspect) and '*prakāśa* (Śiva-aspect). All the vowels are regarded as the (sixteen) rays of moon-light (*indu-kalā*); they are the eternal beings (*nityās*) and constitute the lunar orb.

The consonants beginning with 'ma' and ending with 'la' are the ten aspect-dieties (kala) residing in the realm of Fire (Agni-maṇḍala). From 'ka' to 'bha' are twenty-foui (twelve of the moon and twelve of the fire) aspect-dieties whom reside in the realm of sum (saura-maṇḍala).

The goddess of primordial articulation (*mātṛkā*) is thus manifest in three realms : the fire, the moon and the sun. She further shows herself in five states of existence : wakefulness (*jāgrat*), dream (*svapna*), deep sleep (*suṣupti*), beyond (*turya*) and further than the beyond (*turyātigā*).

The sixteen vowels (constituting the realm of moon) represent the state of deep sleep (which is inert); the four consonants, beginning with 'ya' (ya, ra, la and va) represent the state of wakefulness. The twenty-four consonants from 'ka' to 'bha' represent the state of dream, which is an admixture of the principles of moon and fire, or the states of wakefulness and deep sleep. The latter 'kṣa' is further than the beyond. The remaining letter (out of the fifty) is the unified body of śiva (para-śiva) which is devoid of attributes.

The five groups of letter 'ka', 'ca', 'ṭa', 'ta' and 'pa' stand for the five groups of fundamental elements '*akāśa*' '*vāyu*' (air), '*agni*' (fire), '*apa*' (water) and '*pṛthvi*' (earth) respectively. And the five letters beginning with 'pa' (in the inverse order) represent the five constituents of the internal organ (*antaḥ-karaṇa-pañcaka*); 'ma' is soul (*ātmā*), 'bha' is mind (*manas*), 'ba' is consciousness (*buddhi*), 'pha' retentive faculty (*citta*) and 'p' ego (*ahaṅkāra*).

The five letters beginning with the letter 'ṭa' represent the sense faculties of cognition (*jñānendriya*): tectation (*tvak*), vision (*cakṣus*), audition (śrotra), gustation (*jihvā*), and olfaction (*ghrāṇa*) respectively. The five letters beginning with 'ta' are the sense faculties of action (*karmendriya*) : articulation (*vāk*), prehension (*pāṇi*), locomotion (*pāda*), elimination (*pāyu*), and reproduction (*upasthā*).

The five letters beginning with 'ca' represent the objects of the cognitive faculties : touch (*sparśa*), form (*rūpa*) sound, (*śabda*), (*rasa*) and smell (*gandha*). The five letters beginning with 'ka' represent the objects of the faculties of action : speech (*vācana*), object to be taken (*ādāna*), place to be covered by going (*gamana*), the waste to be eliminated (*visarga*) and enjoyment of sex (*ānanda*).

The twenty-four categories (the five faculties of action and the five faculties of cognition, the five objects of the former and the five objects of the latter, the four internal instruments) have the soul (*ātmā*) as the twenty-fifth. Thus the mother-goddess manifests herself as the microcosm (*piṇḍāṇḍa*). When considered deeply, there is really no difference between the microcosm and the macrocosm (*brahmāṇḍa*). In both, Śiva (*prakāśa*) and Śakti (*vimarśā*) are involved. The names and forms are the *śakti* aspect; the complex of being (*asti*), manifesting (*bhāti*) and enticing (*priya*) is the śiva apect. The name si *śabda-brahma*, and is of the nature of *mātṛkā* (primordial letters). The form is the whole group of categories.

The mother-goddess (Śāradā), who bestows benefits, on her devotees, transforms herself as the '*mātṛkā-cakra*' (the cosmogram of primordial letters), and this takes the form of '*śrī-cakra*' (the cosmogram of the great goddess). At the beginning was only the transcendental nucleus (*parā-bindu*) which is composed of Śiva and Śakti. The nucleus evolves into a triangle (*pasyantī*); later into the primordial sound (*madhyamā*), and still later into the letters (*vaikharī*). It is the last stage (*vaikharī*) that is represented in Śrī-cakra. It is implied that Śrī-cakra also has these four aspects *parā*, *paśyantī*, *madhyamā* and *vaikharī*.

Śrī-cakra is the material body of the goddess, it has three divisions (tri-*khaṇḍa*), moon, sun and fire. The *mantra* and *mātṛkā* are also in these three divisions. The *mantra* of the fifteen letters is equivalent to the form of Śrī-cakra, which is the concrete form the goddess takes. The two can be conjoined.

Śri-cakra is of the form of the transcendental (*parā*) union of Śiva and Śakti; it has three divisions, four foci (*bindus*), the three angles and the central point), five principal elements (*pañcabhūta*), six 'paths' (*varṇa*, *pada*, and *mantra* constituting the three *manrtrādvā*, *kalā*, *tattva* and *bhuvana* constituting the *tattvādhvā*), seven oceans (and islands) from the bridge to the square *bhūpura* are the seven islands, and the meeting-spots are the oceans), eight icomic forms (*aṣṭa-mūrti*) (the five *bhūtas* and the three *maṇḍalas*) and the nine *cakras* (from the central *bindu* till the outermost *bhūpura*, five triangles which face downward and four triangles which face upwards).

The design has nine yonis, and has nine presiding goddesses (*nava-śakti*); indeed it comprehends all divinities. The four *yonis* that face upward have will (*icchā*), knowledge (*jñāna*), action (*kriyā*) and tranquility (*śānta*) as the presiding spirits. The five yonis that face downward have Vāmā, Jyeṣṭhā, Raudrī, Paśyantī and Aṁbikā as their presiding goddesses. All told nine goddesses are counted. But all divinities are represented here. And the Śrī-cakra is the materialization of the union of Śiva and Śakti.

The mother-goddess (Śāradā) resides in the midmost point of the design (*bindu-maṇḍala*). She is here surrounded by the fifteen attendent-goddesses

(Kāmeśvarī to Citrā). The design has six parts (*śiras*, *śikhā*, etc.,); and nine enclosures (*āvaraṇa*); and the *maṇḍala* of the *gurus*. It has the point (*bindu*), triangle (*trikoṇa*), eight-angled figure (*aṣṭa-koṇa*), two ten-angled figures (*daśāra-dvaya*), one inner called *antar-daśāra* and the other outer called *bahirdaśāra*), fourteen-sided figure (*catur-daśāra*), eight-petalled lotus (*aṣṭa-dala*), sixteen-petalled lotus (*ṣoḍaśa-dala*); three circles (*vṛtta-traya*) and a square enclosure with four doors (*bhūpura*). These nine *cakras* are evolved from the triangle, which in turn has evolved from the point (*bindu*), The *nāda* arises only there. The point is of the nature of '*prakāśa*' while the triangle is the '*vimarśā*'. The former is Śiva, and the latter Śakti. The two are the parents of the names and forms that make the transactional world. From the two *cakras* (*bindu* and *trikoṇa*), the eight-angled design takes shape. In the same manner, the successive enclosures come into being, like 'one lamp being lit by another'

The supreme goddess (*parā*) after transforming herself into *paśyantī*, *madhyamā* and *vaikharī* and getting tired, rests in the outermost enclosure, *viz.*, *bhūpura*, which comprises of all the fifty primordial letter (*sarva-mātṛkā*). This is how the primordial lettes represent the Śrī-cakra. The sixteen vowels assume the form of *yoginīs* (beginning with Kāmeśvarī and ending with Citrā) or *nityā* goddesses (corresponding to the lunar phases, *tithi-nityās)* and become the lotus with sixteen petals (*ṣoḍaśa-dala-kamala*). The *yoginīs* are stationed around the goddess in the circumambu- latory order (*prādikṣiṇya-krama*) beginning with the apex of the triangle.

The short vowels, eight in number, become the eight-petalled lotus, and are located in the petals in the same order (as above). These *yoginīs* bestow all benefits when worshipped. The fourteen letters (*kalās*) beginning with '*ka*' and ending with '*dha*' also assume the form of *yognīs* and serve the goddess being stationed in the fourteen-angled figure in their places according to left-ward order (*vāmāvarta*).

The ten letters beginning with 'na' and ending with 'bha' become the outer ten-sided figure (*bahir-daśāra*), and the ten letters beginning with 'ma' and ending with 'la' become the inner ten-sided figure (*antar-daśāra*). The beginning letters of the eight groups ('a', 'ka', 'ca', 'ṭa', 'ta' 'pa', 'ya' and 'śa') evolve into the eight-angled figure (*aṣṭa-koṇa*). The three seed-letters of the Bālā constitute the triangle (*tryasra*) and the final letter '*kṣa*' becomes the '*bindu*'. In the enclosure formed by the triangle all the sixteen vowels, and the fifteen *nityā*-divinities are stationed around the goddess in the left-ward orientation (*vāmāvarta*).

One must contemplate on the bindu as the '*praṇava*' (Om) along with the fourth letter twice repeated (īm), followed by '*namaḥ*' (two seed-letters 'na' and '*maḥ*'). These five seed-letters (*om īm īm na-mah*') shine like a streak of lightning. In this manner, all the primordial sound-units (*mātṛkā*) are comprehended within the Śrī-cakra design.

Śrī-cakra is the abode of the goddess. The '*prakāśa*' aspect constituted by the categories is the Śiva-part thereof. The lotuses along the channel *suṣumnā* (*mūlādhāra* and others) are the '*vimarśā*' aspect or the Śakti-part. The outer-most enclosure '*bhūpura*' stands for the *mūlādhāra*; the sixteen-sides figure (*dvyaṣṭa -dala*) for the *svādhiṣṭāna*; the eight- petalled figure (*aṣṭa-dala*) for the *maṇipūra*; the fourteen-angled figure (*manvasra*) for the *anāhata*, the two ten-angled figures (*daśa-koṇa-dvaya*) for the *viśuddha*; the eight-angled figure (*aṣṭa-koṇa*) for the lambikāgra; the triangle (*trikoṇa*) for the centre in between the eye-brows, *viz.*, *ājñā*; the midmost point (*bindu*) for the realm of the nucleus (*bindu-maṇḍala*) situate in the *sahasrāra* (thousand-petalled lotus of the nature of Śiva where the goddess sports with Kāmeśvara).

Thus, the design of Śrī-cakra represents the body of the goddess of Śakti, while the midmost point is Śiva.

(i) The first enclosure (*bhūpura*) or *mūlādhāra* is called Trailokya-mohinī with three lines skirting the square enclosure with gateways on each direction. Here the eight accomplishment-details (*siddhis*), Animā, Mahimā, Garimā, Laghimā, Prāpti, Prākāmya, Iśitva and Vaśitva, assume the shape of *yoginīs* and wait upon the goddess. As *yoginīs*, they are all of them four-armed, and have the ornaments and garments similar to the goddess. They are stationed on the first line (outermost) facing the goddess. The second line (the middle one) is inhabited by the eight mother-god-dresses (*mātṛkās*) Brāhmī, Māhesvarī, Kaumārī, Vaiṣṇavī, Vārāhī, Māhendrī, Caṇḍikā and Mahālakṣmī. The third line (innermost) of Bhūpura is represented by the ten feminine guards (*mudrā-śakti*) : Kṣobhiṇī, Drāvaṇī, Sarvākarshiṇī, vaśaṁkarī, Unmādinī, Sarvāṅkuśā, Khecarī, Sarva-bījā, Sarva-yonī and Tri-khaṇḍā.

These are all known as manifest attendant aids of the goddess (*prakaṭa-yoginīs*).

(ii) The second enclosure (*ṣoḍaśa-dala*) or *svādhiṣṭhāna* is called Sarvāśā-paripūraka. Sixteen energy aspects that reside here are all ākarṣiṇīs or controlling power over the faculties and factors: desire (*kāma*), intellect (*buddhi*), ego (*ahaṇkāra*), sound (*śabda*), touch (*sparśa*), from (*rūpa*), taste (*rasa*), smell (*gandha*), thoughts (*citta*), fortitude (*dhairya*), recollection (*smṛta*), name (*nāma*), seeds of phenomena (*bīja*), selfhood (*ātmā*), immortality (amṛta) and body (*śarīra*).

These are all known as 'hidden' attendant-aids of the goddess (*gupta-yoginīs*).

(iii) The third enclosure (*aṣṭa-dala*) or *maṇipūra* is known as Sarva-saṇkṣobhinī. Eight attendant- aids that are located here are Anaṅga-kusumā, Anaṅga-mekhalā, Anaṅga-madanā, Anaṅga-madanātuā, Anaṅga-rekhā, Anaṅga-veginī, Anaṅgāṅkuśā and Anaṅga-mālinī.

These are described a "more hidden" (*gupta-tara-yoginī*). They are eight 'groups of letters' (*aṣṭa-varga*), and they represent the five basic elements (*pañcabhūta*) conjoined with the three realms (*maṇḍala-traya*).

(iv) The fourth enclosure (*catur-daśāra*) or *anāhata* centre is known as Sarva-saubhāgya-dā. The attendant aids (*yoginīs*) who serve the goddess from this enclosure are fourteen in number : Sarva-saṇkṣobhiṇī, Sarva-vidrāvaṇī, Sarvākarṣhiṇī, Sarvāhlādiṇī, Sarva-vidrāviṇī, Sarvakarṣhiṇī, Sarvāhlādiṇī, Sarva-sammohinī, Sarva-sthaṁbhinī, Sarva-jṛṁbhaṇī, Sarva-loka-vaśaṁkarī, Sarva-rañjanī, Sarvonmādinī, Sarvārtha-sādhanī, Sarva-sampatti-pūraṇī, Sarva-mantra-mayī, and Sarva-dvandva-kshayṅkarī.

These are yoginīs bound by 'tradition' (*saṁpra-dāya yoginī*).

(v) The fifth enclosure (*bahir-daśāra*) or Viśuddha-centre is called Sarvārtha-sādhakā. The attendent deities (*yoginīs*) that abound in this enclosure are Sarva-siddhi, pradā, Sarva-sampat-pradā, Sarva-priyaṅkarī, Sarva-maṅgala-kāriṇī, Sarva-kārma-pradā, Sarva-duḥkha-vimocani, Sarva-mṛtyu-praśamanī, Sarva-vighna-nivāriṇī, Sarvaṅ-ga-sundarī and Sarva-saubhāgya-dāyinī.

(vi) These are described as "beyond the reach of sensory apprehension (kulottīrṇa-yoginī). The sixth enclosure (*antar-dāśāra*) or the throat-centre (Kaṇṭha) is called Sarva-rakṣā-kara. The atten-dant-aids of the goddess (yoginīs) here are also ten in number : Sarvajñā, Sarva-śakti, Sarvaiś-varya-pradā, Sarva-jñāna-mayī, Sarva-vyādhi-vināśinī, Sarvādhāra-svarūpā, Sarva-pāpahara, Sarvānanda-mayī, Sarva-rakshā-svarūpiṇī, and Sarvepsita-dātrī.

These are all described as "womb–deities" (*nigarbha-yoginī*).

(vii) The seventh enclosure (aṣṭa-koṇa) or the lambi-kāgra-centre is called Sarva-roga-harā. The attendant-aids in this enclosure are Vaśinī, Kāmeśvarī, Sarveśvarī, Aruṇā, Jayinī, Modinī,

Vimalā and Kaulinī. These are known as Vāgdevatās.

These are described as "secret" (*rahasya*) *yoginīs.*

(*viii*) The eight enclosure (triangle in the centre) or the Ājñā centre called Sarva-siddhi-pradā The supreme Nucleus (*parā-bindu*) has evolved into this enclosure. Three forms of the Goddess preside over this area : Kameśvarī at the apex, Vajreśvarī on the right side and Bhagamālinī on the left. They are all four-armed, carrying noose (*pāśa*), goad (*aṅkuśa*), sugar-cane bow (*ikṣu*-cāpa) and flower-darts (*puṣpeṣu*). They are of white, rosy and yellow complexion respectively. They are well-bedecked with all ornaments.

They are described as 'extremely secret' (ati-*rahasya*).

(*ix*) The ninth enclosure (the midmost point, *bindu*) or the thousand-petalled lotus centre (sahasrāra or *dvādaśānta-bindu*) is called Sarvānanda-maya. The location of this centre is the cot with the four Brahmās as its legs (*pañcabrahmāsana*) in the Jewel island (*maṇī-dvīpa*) in the midst of the ocean of ambrosia (*sudhā-sindhu*). She, as Lalitā Parameśvarī, is seated upon the cot, on the lap of Kāmeśvara (*viz.,* Śiva), bedecked with all ornaments and surrounded by all energies. She is of the nature of all mantras, and she comprehends all the gods. She is four-armed, carrying in her hands sugar-cane bow, flower-arrows, noose and goad. There is a slight smile on her lotus-like face, and there is compassion in her eyes. Her garments are silken, and her talk is sweet like that of parrots and cuckoos. Her feet are brilliant and rosy-coloured Lakṣmī and Sarasvatī stand on her sides, waving fly-whisks for the goddess. At her feet are seated the gods like Brahmā, Indra and others. She is both transcendental and immanent (*parāparā*); she is of the nature of pure consciousness (*cinamayā*) and she is indeed the Brahman. She has form (*sākārā*) and has no form (*nirākārā*). She is the supreme Śakti (parā-śakti).

She is Rāja-rājeśvarī, the goddess abiding in the realm of the Nucleus (*bindu-maṇḍala*). She bestows all the gifts that one seeks, and she resides in the realm of bliss.

Śrī-cakra has nine enclosures, in which the primordial sound-units (*mātṛkās*) take the form of attendant-aids (*yoginīs*) of the Goddess. Their form is very similar to that of the Goddess and they are all well-decorated. They exhibit the symbols (*mudrās*) peculiar to each of them.

The devotee must contemplate on the identity of the body of the Goddess with the Śrī-cakra, of the *yoginī*'s with the categories (*tattvas*), and sense-faculties and of ones own self with the Goddess. One who succeeds in this is the knower of the Brahman; he is freed from transmigratory processes even while he is alive (*jīvan-mukta*). Even a look at him will serve to banish all sins and to secure the liberating wisdom.

THE FOURTH CENTUM

External worship (*bahir-yāga*) is not to be resorted to by the elite folk, for it is designed only for mean benefits and it pertains only to things of this world. The *tāntriks* will engage themselves in internal worship (*antar-yāga*), which involves identification which is four-fold and six-fold (to be explained shortly). This is really the worship prescribed for those who have pledged themselves to tāntrik practice (*samayācāra*). Those who are earnest must give up material hankerings and practice the 'beyond' (*turīyya*). They will then attain the highest.

The three significant understandings in the internal worship are (1) the symbolism of the *cakra*; (2) the symbolism of the *mantra*; and (3) the symbolism of worship (*pūjā*). After understanding these three, one must give them up and reach the fourth practice, in which everything gets dissolved.

The four-fold identification (*ekatva*) is in terms of (1) the identity between the mantra and the deity (*devatā*); (2) the identity between the *mantra* and the *mātṛkās*; (3) the identification of the primordial sound-units (*mātṛkā*) and the Śrī-cakra; and (4) the correspondence between the aspects of Śrī-cakra with the psychic centres (*mūlādhāra* etc.) of the body. Adding to these four, two other identifications, we get six of them; (5) the identification of the preceptor (*guru*) with the deity (*devatā*); and (6) the identification of ones own self (*svātmā*) with the deity (*devatā*).

By understanding the identity, the illusion of duality is got rid of. When duality is lost, mind becomes tranquil, and that will pave the way for absolute bliss.

Contemplation upon Śrī-cakra can be of three types : (1) gross (when the details of Śrī-cakra are identified with the psychic centres, from *mūlādhāra* to

Sahasrāra) (2) subtle (when the nine subtle centre, *bindu*, *ardha-candra*, *rodhinī*, *nāda*, *nādānta*, *śakti*, *vyāpikā*, *samanā* and *unmanā*, which are all located in the region between the eyebrows and *dvādaśānta*, are identified with the nine psychic centres, *mūlādhāra* to *sahasrāra*); or (3) even more subtle (when the entire Śrī-cakra from *mūlādhāra* to *sahasrāra* is identified with he realm of the Nucleus or *bindu-maṇḍala* which is within the *dvādaśānta*).

Sadā-śiva is of the nature of all the realms undifferentiated and in their entirety; he is *prakāśa*. On his lap sits the Devī, who is *vimarśā*. The two are located in the realm of Nucleus or *bindu-maṇḍala*. The rays of light that emanate from the body of the Devī get differentiated into the eight enclosures of Śrī-cakra. Śrī-cakra therefore is the union of Śiva-and Śakti, of Moon and Fire.

At the beginning of creation, the form of the undifferentiated and the entire realm which pervades the Universe in all its details, was only pure consciousness (*cin-māntra*), only of the nature of existence-awareness-bliss (*sacchidānanda*). The creation of the phenomena is a result of the Absolute's will (*icchā*), and it is because of this will that the *bindu* evolves into a triangle. The reflection of the Goddess on the Absolute manifests itself as divine will. There fore the goddess is called the primordial nature (*mūla-prakṛti*).

The midmost point is *prakāśa* and the triangle is *vimarśā*; a fragment of this union of Śiva and Śakti is the world of names and forms. The midmost point is Śiva, and its evolution into the triangle is Śakti, the home of the three *guṇas*. The three guṇas are personified as Brahmā, Viṣṇu and Śiva, the three deities responsible for creation, preservation and dissolution respectively. The triangle is thus the triad (*tripuṭī*) and the midmost point is transcendental (*turīyya*). The three points at the three corners of the triangle are styled as *tripurā*; the three aspects are 'saguṇa', while the midmost point is *nirguṇa*, being transcendental.

From the unmanifest (*avyakta*) to mind, the stage is *paśyantī*; the five basic elements are madhyamā; the gross elements signify the *vaikharī*. The entire creation made up of names and forms are under the influence of *māyā*, being dependent upon Vaikharī and Madhyamā. How do the common folk ever understand the transcendental?

People are always outward-oriented, and are devoid of any inclination to turn inward. They revel in differences, and have forgotten their own true nature. The world of names and forms appear to be real, although what is real is pure consciousness and nothing else. People do not realize that pure consciousness it is that is all-pervasive. It is by attending to the sacred feet of the Goddess that one can attain to the transcendental wisdom. Mean people can never reach it, even in a million births.

Tattirīya declares that the place of Brahman characterized by truth and knowledge is in the supreme sky within the heart-cave. What is hidden within the five sheaths is called the cave; it is distinct from the three bodies (gross, subtle and causal). It is the transcendental. The sky is beyond the head, in the *dvādaśānta*, which is two aṅgulas above the forehead, in the place of *śikhā*.

Whatever is the spiritual content (*caitanya*), the focus of the subtle body, the foundation for ones being and a reflection of pure consciousness (cit-chāyā), and a complex of different bodies and organs is called the individual soul (*jīva*). It is essentially a reflection (*pratibimbā*), and therefore its activities are unreal (like moon's reflection in water).

When the individual self-hood ceases, the five sheaths, the five primary elements, the three bodies and the twenty-four categories of existence all get dissolved in it. The illusion that is occasioned by not carefully examining will be eliminated by correct knowledge. Likewise, the self that is within will appear as Brahman Himself and not as jīva, upon the dawn of perfect knowledge. When one has an understanding of jīva, it is bondage; when the understanding of Brahman is obtained, it is liberation. Mind it is that makes for bondage or liberation.

Therefore, the wise man should give up the three quarters that constitute the individual self-hood, and resort to the fourth, the transcendental, which is really the source of the other three. The three dots of the triangle (on the angles) must be given up, and attention must be focussed on the midmost point which is pure consciousness.

The triangle constitutes the body of the Goddess, it is described as Kāma-kalā, the reflection of the supreme Reality. The mixed nucleus (miśra-bindu), which is lustrous like the sun, is the face of the Goddess; the two nuclei below it, the white one (representing Moon) and the red one (Fire) are the breasts; the consciousness-nucleus (*samvid-bindu*) below them are the loins. The triangle accommodates all these four nuclei.

It is because of the consciousness-nucleus that there is the cause of all emanations. It is there that the formless supreme Goddess assumes forms and *guṇas*. The there nuclei are together spoken of as Tripurā, the one beyond them is the supreme Goddess. One who does not appreciate the symbolism of the nucleus (*bindu*) wallows in the mire of delusions. One must knows that where the triad takes its birth, it is the transcendental (*turīyya*).

The Brahman has four quarters, three of them are *saguṇa*, and the other one beyond them is *nirguṇa*.

In order to drive home this wisdom to the devotee's mind, the description of the transcendental state is resorted to. The world is covered by three states of existence; waking, dream and deep sleep. And no one has an understanding of the state beyond them. Dream is purely a mental construct or is unreal, and it is a unison of the other two states (sleep and wakefulness); and it arises on the basis of the impressions of the waking condition. It is not an independent occurrence. When one wakes up, he knows that the dream is unreal. But while one is dreaming, he does not look upon it as unreal.

Even so, when one reaches the transcendental state, one will realize that the world is an illusion; even wakefulness will be realized as unreal, when wisdom dawns. The witness-consciousness is distinct from whatever is experienced in the three states, from whoever experiences them, and whatever the objects experienced in them. One must therefore seek to understand the state beyond the three states. All people know that dream is unreal, and that the two real conditions are wakefulness and deep seep. The nature of Brahman, therefore, comprehends both these states which are experienced as real. When the individual soul is wakeful, it is called '*viśva*'. When dreaming, it is *taijasa*; and when asleep it is *prājña*. The state beyond (*turīyya*) is the witness (*sākṣi*). When dream is abandoned, there are only two states that are experienced (wakefulness and sleep). The fourth state (of witness) is in between these two.

In wakefulness, all happiness and stress are experienced, and it is saṁsāra; in deep sleep, nothing is experienced, and it is an inert condition. The condition between these two ends is the fourth state. The internal organs are mind (*manas*) and intellect (*buddhi*). And from these two all the five states arise. Mind is construction and apprehension; intellect is right ascertainment. In the eyes, wakefulness is located; in the throat, dream; in the heart, deep sleep; and in the head, the fourth state. One who seeks to attain the fourth state must make the mind vacant, and make the intellect settle in the consciousness which is located in the head, in the realm of the Nucleus (*bindu maṇḍala*).

One must become inward-oriented, and rely only on pure awareness. Internal attention must be practised, and the mind must gradually be denuded of all processes. The witness (the fourth state) is stationed in the thousand petalled lotus, in the *dvādaśānta* and in the middle of the realm of the Nucleus; it is of the nature of the lunar orb of pure consciousness. This is the Ātman, and this is ones own nature. Knowing this, one must dissolve oneself in it.

To attain this, one must give up coarse and physical exercise like *prāṇāyāma*, and stop confabulations of the mind. He must sit quietly in the lotus-posture and enter into deep contemplation. As the ego gradually gets. lost by practice, the intuition develops and causes happiness. This condition is not sleep, because in sleep both mind and intellect cease to function, whereas here only mind ceases to function. Nor is it tantamount to death, for the vital functions to go on.

When the mind does not function, there is no sense of duality; but it is not wakefulness or sleep. The happiness that is present in this condition is known as the Absolute bliss (*brahmānanda*). It is inbetween wakefulness and sleep; and is known as the fourth state (*turīyya*). Mind must be emptied and dissolved, and the condition of going beyond mind (*unmanī*) is the characteristic of this condition.

Where mental processes a bound, it is waking; when the intellect has no support and dissolves in utter ignorance, it is deep sleep. When the mental processes are removed, and the intellect supports itself upon consciousness, it is the fourth state. It is neither wakefulness nor sleep. The condition that is inbetween them is the state of Brahman. This state is easy enough to attain with steadfast practice. One must look within, abandon the mental constructions, and settle down in ones own pure consciousness. No religious gifts, no austerities, no pilgrimages can help one attain this state. Mind must be emptied, and that is the only way.

During practice, however, the intellect has to support itself on consciousness (*cidālanda*), but as a result of practice the intellect becomes one with consciousness and gives up the duality. Then it becomes supporṭless (*nirālamba*), and consciousness alone becomes luminous and evident.

Mind is the seed of births, and when it is destroyed, emancipation is at hand. Mind is the bondage, and one must free himself from it. If gaining oneself is the best of all gains, and if there is nothing higher to seek, then the self is Brahman; and this is spoken of as the transcendental state. Therefore, by all means and with all energy, one must attempt to reach this state, understanding that the round of births and deaths is filled with misery and that the world is an illusion. One in whom the witness (in the transcendental state) does not lapse in wakefulness, dream or sleep, is really emancipated.

CHAPTER 1

THE YANTRA OF ŚRĪ-CAKRA

1. The Composition of Śrī-cakra

The employment of *yantras* for worship is widespread. Even when icons are used, it is usual to inscribe stylized and appropriate geometrical designs in front of the icon (if it is stationary) and conduct the worship rituals on them; if the icon is mobile, it is placed right on the inscribed design and worshipped. The design signifies consecrated ground, or site on which spiritual forces are gathered. The preparation of the design involves the transformation of an ordinary ground into an effective ground, the inert idol into a powerful icon, and the normal mind of the devotee into an efficient instrument for the rituals. It is not the icon that transmits this power to the design; in fact, the icon derives its merit by its involvement in the design. It is the intentionality of the devote, along with the traditionally transmitted pattern that makes the design a powerful facility.

It is technically known as maṇḍala, 'that which gathers the essential details' (*maṇḍam lāti*). Tantra-rāja-tantra describes the nature and uses of maṇḍala in worship as well meditation. Maṇḍala is the concentration of the most significant aspect of the world in which the devotee lives and seeks to carry out his devotion; it is the concentration of the most significant aspects of the devotee's own constitution for the purpose of the devotions, and it is also the concentration of the most significant aspect of the interaction between the devotee and his world. It is a vehicle of concentration, so that all the relevant details are centered. Maṇḍala in this sense is defined as a collection of energies (*śakti-samūha*) and as a symbol (*saṅketa*).

'Center' (*bindu*) is in fact the origin of the *maṇḍala*. The diffuse, and therefore feeble, forces are gathered up from all the sides, rendering them powerful by the very act of gathering up. They are made to converge into the center of the *maṇḍala*, which is identical with the center of the devotee's own being. The forces of the universe are concentrated in the *maṇḍala*, and, at the same time, the energies of the phychophysical constitution of the devotee is also centered in the same *maṇḍala*. This idea is conveyed by the Sanskrit expression '*saṁhāra*' or '*saṁhṛti*' (dissolution, absorption).

The other process involved in the *maṇḍala* is the potential extension of the essential details on all sides from the center. The center is the seed from which the tree of spiritual transaction sprouts and spreads alround. Forces to transformation, integration and harmony that lie dormant in the center of the *maṇḍala* emanate on all sides and fill the devotee and the world in which he lives. This function of the *maṇḍala* is called '*sṛṣṭi*' (projection, creation, emanation).

The *maṇḍala* thus is meant to activate the energies both within the devotee and outside him. It is a psycho-cosmic mechanism for effectively relating the inner space (*viz.*, the space of individualized consciousness, *cittākāśa*) with the outer space (*viz.*, the three-dimensional world, *mahākāśa*) in the comprehensive space of essential consciousness which rejects the subject-object dichotomy altogether (*cidā-kaśa*). The world is a mechanism for objectification of consciousness (*prameya*) while the individual is a mechanism for subjectification of consciousness (*pramātā*). In the conflicting directions of the two modes, stress is unavoidable. The purpose of the maṇḍala is of eliminate this stress by harmonizing the two modes.

The significance of the midmost point or center of the *maṇḍala* is its utter freedom from dimensions. The Sanskrit world '*bindu*' also means 'seed', 'sperm', 'drop' : it not only concentrates but becomes the dynamic starting-point. It gathers up the outside forces into a point, and begins to unfold the inner forces. It also represents the point at which the outer space and the inner space meet and have their rest.

Thus, the *maṇḍala* is a psychocosmogram; a plan of the presented Universe and the perceiving individual. The entire universe is stylized into a pattern of energies that is symbolized by the layout of the *maṇḍala*. The reorganization of the individual in terms of the same *maṇḍala* makes the *maṇḍala* an effective model for transformation, projection, concentration and integration. Consciousness of the individual finds its articulation and expansion in the model thus provided.

The *maṇḍala* is in its nature a complex pattern of several geometrical patterns, each of which has a specific character and a specific function. Tradition has standardized the import of several patterns like the triangle with its apex on top (masculine energy), the triangle with its apex at the bottom (feminine energy), circle (cyclical dynamism of consciousness), square (the physical world made up of the elements), and circle of lotus petals (regeneration of powers and principles).

The principle of the *maṇḍala* drawing is to represent the Universe as an enclosed field for the play of consciousness. There would usually be a series of enclosures, facilitating movement inwards and outwards; and the whole figure would be surrounded by an outer band of square or circle (or 'belt of fire', Me-Ri in the Tibetan, *maṇḍala*), with gateways facing the cardinal points. The entire maṇḍala is viewed as a city (*pura*), a palace (*prāsāda*) or an island (*dvīpa*). The midmost point or area is considered the residence of the great one who presides over the city, who rules in the palace, or rests in the island. When the *maṇḍala* is made to represent the human constitution itself, areas of *maṇḍala* are made to correspond with the parts of the body, and the projected body-*maṇḍala* is presided over by the 'self' in the inmost sanctum. Introspective visualization helps in giving meaning to the *maṇḍala*.

The *maṇḍala* is frequently a representation of the mythical mountation Meru, made of solid gold (*hemādri*) and studded with jewels (*ratnasānu*), the resplendent abode of the gods. The mountain is also the highest peak in the world, located in the very center of the Universe, illumining the four quarters by its lustre.[1] In fact, our temples and *stūpas* are architectural efforts to reproduce the imagery of mount Meru. It may be remembered that the *tāntrika* ideology is intimately related to the culture of mountains; and mountains are especially sacred to the mother-goddesses for whom the mountain peaks, difficult to ascend, are fortressess (*durga*). The human body is also a Meru, with its highest peak in the thousand-petalled lotus (*sahasrāra*) where the Self resides. In keeping with the idea of a fortress, the *maṇḍala* would have ramparts (prākāra), entrances (dvāra), guards (*dvāra-pāla*), lines of defence (*ara* of *aśra*), areas of succour (dala), corners (*koṇa*), arches (*toraṇa*), garlands (*hāra*) and courtyards (*aṅgaṇa*). In the Mahāyāna texts dealing with *maṇḍala*, '*maṇḍa*' is made to mean 'what is contained', 'defended' or 'held' and 'la' to mean 'that which contains', 'defends' or 'holds'.[2]

The rituals pertaining to the *maṇḍala*, which activate the hidden forces both within the external diagram and in the devotee's constitution, involve the proper positioning of the tutellary deities (*kula-devāta*), captains (*nāyikā*), aids (*yoginī*), and guards (mudrā-devatā). Their locations are determined according to the *tāntrika* prescriptions, and the purpose for which the *maṇḍala* is used. The placement of the retinue-divinities is sometimes accomplished by inscribing appropriate letters of the alphabet in different areas of the *maṇḍala*. The Sanskrit alphabet is regarded as the vocal epitome of the entire Universe, and each letter is transformed into an energy when introduced into the *maṇḍala*.

बिन्दु–क्चत्रिकोण–क्चवसुकोण–दशार–युगम
मन्वश्र–क्चनागदलसंयुत–षोडशारं।
वृत्तत्रयं च धर णीसदनत्रयं च
श्रीचक्रमेतदुदितं पद देवतायाः।।

Śrī-cakra is a *maṇḍala* which is regarded as the body of the mother-goddess known variously as Devī, Tripurā-Sundarī, Lalitā, Rāja-rājeśvarī, and Parābhaṭṭ-arikā. The design also represents this divinity's Court, with all the attendant-deities, aids, guards, pavilions, enclosures and entrances. The principal divinity (*viz.*, the mother-goddess) is imagined as being seated in the central point (*bindu*) on a cot, the four legs of which are the deities responsible for creation of all things (Brahmā) in North-East, preservation (Viṣṇu), in the South-East, dissolution (Rudra) in South-West, and withdrawal (Iśāna) in North-West; and the plank of which is the principle of acceptance and retention of the withdrawn world until recreation, also signifying the divinity's favour (*ānugraha*), symbolized as

Sadāśiva. These five principles are described as the five activities of the mother-goddess; they are her five modes of expression[3]. There is also an explanation that these five represent the five inert dimensions, 'ghost-like' (*pañca-preta*), which are enlivened by the mother-goddess seated on them, four of them serving as the legs of the cot and the fifth being the plank. She is the life-giver; without her, even the god Śiva is like unto a corpse (*śava*). It is only when inspired by her that he is able to bring forth the manifold Universe; bereft of her inspiration he is unable even to move. When conjoined with her, he becomes Kāmeśvara, the effective master of desire.

The central point (*bindu*) is thus a union of the ultimate male principle (*puruṣa*) and the ultimate female principle (*prakṛti*); the former is the principle of consciousness (Śiva) while the latter is energy (Śakti). The symbolism permeates the whole composition of Śrī-cakra, while is described as 'body of Śiva and Śivā' (the passive Male and the active Female)[4]. The Male is symbolized in the triangle with its apex upwards (*viz.,* away from us when held horizontally in front of us), and the Female is symbolized by the triangle with its apex downwards (*viz.,* towards us). The former is known as the 'Male field' (Śiva-cakra) and the latter 'Female field' (*śakti-cakra*).

Śrī-cakra is essentially a pattern of interwoven triangles, nine in number, four of which represent the male principles (*śiva-cakra*), identified with Brahma, Rudra, Īśvara, and Śadāsiva and five female principles (*śakti-cakra*) identified with Śrī-vidyā, Tvaritā, Rāja-rājeśarī, Tripurā and Pañcabāṇeśi[5]. The *cakra* is therefore called *navā-yonyāt-maka-cakra*, *viz.*, the pattern which constitutes nine-fold union. The numbers three and nine are significant in Śrī-cakra[6]. The triangle has three angles (*tri-koṇa*), hence the deity which it represents it called 'Tri-purā' ('one that has three fields'). The symbolism will be explained later. But it must be mentioned here that the triangle itself is an emanation from, or a projection of, the central point (bindu), which is itself an unmanifest union of Śiva and Śakti (see the section of Tantra). And there are nine triangles in all, four representing Śiva and five Śakti, the commingling of which illustrates the same union but in a manifest manner. The nine triangles interwoven project as many as forty-four triangles, if we count the central point (*bindu*) also as a triangle, as is usually done. Sometimes, however, the midmost point is excluded, for it does not have the manifest from of a triangle, and then the number of triangles would be forty-three.

This pattern of fourty-four triangles (or forty-three formal triangles together with the central point *bindu*) constitutes the main design of Śrī-cakra. Surrounding this pattern, however, are two concentric circles (called lotuses), inner one having eight petals (*dala*) and the outer sixteen. These in turn are enclosed by three concentric circles (called 'girdles', *valaya*). And the whole design is placed inside a square field (called courtyard or 'earth-stretch' *bhūpura*), in the form of three lines signifying enclosures. On each side of the square is a portal or gateway (*dvāra*).

This, then, is the composition of the Śrī-cakra : three angled figures (*tri-koṇa*) arranged in nine successive coverings or enclosures (*nava-āvaraṇa*). The nine enclosures from the interior to the exterior are enumerated formally thus : (1) the central point (*bindu*) which is regarded as *'śiva-cakra*; (2) the primary triangle (*tri-koṇa*) : (3) a figure with eight corners also consisting of eight smaller triangles surrounding the primary triangle (*aṣṭa-koṇa*, also called *vasukoṇa*); (4) a figure with ten angles (also ten triangles), surrounding the above (*daśa-koṇa* or *daśāra*); (5) another figure of ten angles (also ten triangles), surrounding the above (and therefore called *bahir-daśāra* outer ten-angled figure, in contradistinction with the above, which is called, in relation to this, *antar-daśāra*, 'inner ten-angled figure'); (6) a figure with fourteen angles (also triangles) surrounding the above (*catur-daśāra*); these five (from 2 to 6) being regarded as 'Female-fields' (*śakti-cakras*); (7) a circle in the form of a lotus with eight petals (*aṣṭa-dala- padma*) enclosing the above main part of Śrī-cakra; (8) another circle surrounding the above in the form of a lotus with sixteen petals (*ṣoḍaśa-patraka*); and (9) the square field in which the above is positioned (*caturasra* or *bhūpura*); these three together with the first, *viz.,* the central point, being the four 'Male fields' (śiva-cakras).

Not included in the main pattern but figuring in the composition of Śrī-cakra are the three concentric circles (*tri-valaya* or *tri-vṛtta*) representing the triple world, surrounding the 8th of the enclosures (*Viz., ṣoḍaśa-patraka*) and the three lines (*tri-rekhā*) surrounding the 9th enclosure (*viz., bhūpura*).

While the usual view[7] is that among the nine triangles that constitute the main portion of Śrī-cakra, four represent Śiva and five Śakti, there is also a view[8] that all the nine triangles are *śakti-cakras*, representing nine female deities (or aspects of the mother goddess): Vāmā, Jyeṣṭhā, Raudrī, Ambikā, Parāśakti (represented by the socalled 'female' triangles); Icchā, Jñānā, Kriyā and Śāntā (represented by the four so-called 'male' triangles).

In the main design of Śrī-cakra, composed of the nine commingling triangles, the angles are of course of primary importance. They signify the points of union of Śiva and Śakti; and they are so many projections of the central point (*bindu*) which is enclosed by the fundamental triangle (known as *Kāma-kalā*), signifying the residence of the mother-goddess. Besides these angles, there are two other kinds of points in the main design that are held sacred : the points where two lines unite (or intersect) (*sandhi*, defined as '*dvi-rekhā-saṅgama-sthānam*') and the points where three lines meet (*marma-sthāna* or vital points, defined as '*tri-rekhā-saṅgama-sthānaṃ*'). There are twenty-four unions and twenty-eight meeting points in the design. There are of course no such angles, unions or meeting points outside the main design, enclosed by the three concentric circles (*tri-vṛtta*).

The motif of the union of Śiva and Śakti si sought to be evoked in the entire Śrī-cakra in a more comprehensive way. The various geometrical forms that are involved are seen as pairing off:[9] the central point (*bindu*) with the fundamental triangle (*tri-koṇa*); the eight cornered figure inside (*aṣṭāra*) with the eight-petalled lotus (*aṣṭa-dala padma*) outside; the two ten-angled figures (*daśāra*, the inner and the outer) inside the girdle with the 16-petalled lotus (*ṣoḍaśa- patraka*) outside, and the 14-petalled figure (*catur- daśāra*) with the surrounding square (*caturasra, bhūpura*).

The union of Śiva and Śakti is the central idea in Śrī-cakra; it is in fact the corner-stone of the Śrī-vidyā philosophy. If the Universe is comprehended by the twenty-five psycho-physical principles (*tattva*) which are fundamental to existence and experience, in accordance with the systemic framework provided to all Indian thought by the Sāṇkhya school, the commingling of Śiva and Śakti (*śiva-śakti-yoga*) is the twenty-sixth principle (*tattva*), which pervades the whole design but in an unmanifest manner.

The nine *cakras* represent the initial emanation of the phenomenal universe from this transcendental principle (*sṛṣṭi*) intermediary preservation of the order, growth and harmony in the Universe (*sthiti*), and the ultimate dissolution (*viz.*, not destruction but absorption) of the universe (*saṁhāra*). The three *cakra*s that are on the periphery (*viz.*, the square *bhūpura*, sixteen-petalled lotus and the eight-petalled lotus) are known together as the centre of emanation (*sṛṣṭi- cakra*). The two *cakras* that constitute the middle portion (*viz.*, fourteen-cornered figure and the two ten- angle figur, inner and outer) are known as the centre of preservation (*sthiti-cakra*); and the three interior cakras (*viz.*, eight angled figure, the primary triangle and the central point) are known as the centre of absorption (*samhāra-cakra*). The first center is said to be presided over by Moon (*soma*), the second by Sun (*sūrya*) and the third by Fire (*agni*). The significance of the triad (*tripura*) will be explained in the section on the Tantra of Śrī-cakra.

2. Preparation of Srī-cakra

There are two ways of counting the nine enclosures: one, starting from the central point (*bindu*) and going outwards, ending with the square that surrounds the whole design (*bhūpura*), and the other, starting with the outermost square and proceeding inwards till the central point is reached. These methods are in accordance with the two traditions of preparing the Śrī-cakra and also conducting worship.

The 'Kaula' method ot preparing the Śrī-cakra follows the method of 'absorption' (*saṁhāra-krama*), and is given in Lakṣmīdhara's commentary on Saundarya-laharī, verse 11 :

(1) A circle is drawn first; and within it nine parallel and equi-distant lines are drawn across, beginning with the bottom-most and going up, three short lines occupying the central portion, on either side of which a line touches the circle on both sides; and beyond these lines are two other lines of decreasing length. These nine lines serve as bases for the nine triangles that constitute the Śrī-cakra. These lines are said to represent the nine stellar bodies : sun, moon, *aṅgāraka*, *budha*, *bṛhaspati*, *śukra*, *śani*, *rāhu* and *ketu*. The first four represent the Śiva factor, while the latter five the Śakti factor.

(2) Then, lines are drawn from the ends of the topmost line, making them converge in the centre of the sixth line below, thus forming the first triangle (with apex downwards). Another triangle (with apex upwards) is similarly formed by converging the lines drawn from the ends of the bottom-most line in the centre of the seventh line above. The two triangles will

intersect; and in the process, is formed the primary triangle within which the central point is inserted.

Then, from the ends of the second top line are drawn two lines that converge in the centre of the eighth line below.

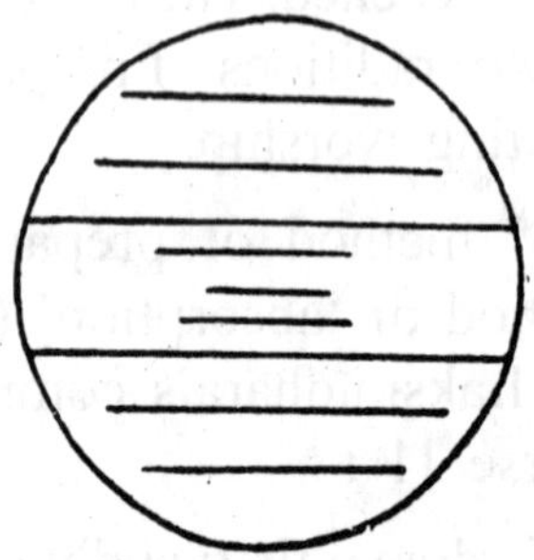

(3) The lines from the ends of the second line (from top) are drawn and made to converge in the centre of the ninth line (bottom-most), and likewise the lines drawn thus forming another set of two intersecting triangles.

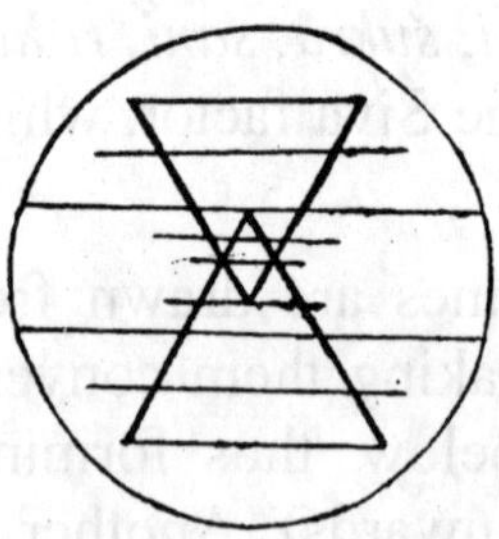

(4) The two long lines that run across and touch the sides of the circle are then taken up. Lines from the ends of these lines are drawn so as to form a triangle, the apex of which touches the circle. The two intersecting triangles thus formed produce a six-angled figure (*ṣaṭ-koṇa*).

(5) Two of the three lines in the middle portion of the circle are now taken up. The ends of the line on top are drawn also as to converge at the centre of the fifth line (counted from this top line) below, and similarly the ends of the line at the bottom are drawn so as to

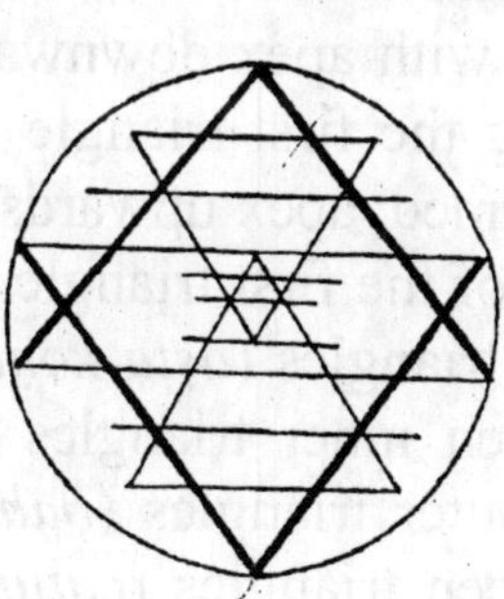

converge at the centre of the fifth line above (counted from this bottom line). Thus, two intersecting triangles are got.

(6) The shortest of the three lines in middle portion, which is also the midmost line among the nine lines, is finally taken up. The lines from the two ends of it are made to converge in the centre of the third line from it.

The 'Samaya' method of preparing the Śrī-cakra, following the method of 'emanation' (sṛdhṭi), is given in Jñānarṇava-tantra (*cf.* also Śrī-vidhyārṇava-tantra, 1, 8, 10-33). It begins by drawing a triangle (inside which is the *bindu*) with its apex upwards (*viz.,* facing west, or away from the devotee), and by drawing another triangle with apex downwards (or towards the devotee), cutting the first triangle above the *bindu*. A third triangle formed, apex upwards, from a base drawn across the apex of the first triangle. Thus is formed the pattern of eight triangles (*aṣṭa-koṇa*) and on this basis the pattern of ten inner triangles (*antar-deśāra*), the pattern of ten outer triangles (*bahir-daśāra*), and the pattern of fourteen triangles (*caturdeśāra*) are drawn. Successive extension of the lines is the main procedure employed here; and the principles involved are increasing the number of triangles from one to three, from three to eight. and from eight to ten, and distinguishing of the meeting places of lines (*sandhi* and *marma*), thereby forming fourteen triangles out of the outer ten.

Thus, there will be nine triangles, four of them with apex upwards (*viz.,* away from the devotee), signifying the fields of Śiva or Agni, and five with apex downwards (*viz.*, towards the devotee) signifying the Śakti-fields, 43 angles, 24 *sandhis* (points where two lines intersect) and 24 (or 28 according Lakṣmīdhara) marmas (where three lines meet).

The main differences between the two methods are with regard to the posture of the primary triangle and the position of the central point (*bindu*). In the Kaula method, the primary triangle faces downwards (*viz.,* forming the field of Śakti) and the *bindu* is located in its midmost area. In the Samaya method, however, the primary triangle faces upwards (*Viz.,* forming the field of Śiva or Agni) and the *bindu* is located in the midmost point of the area enclosed by the six-angled figure (including the primary triangle). The Kaula method disregards the number of angles; it holds as relevant only the *marma-sthānas* (points where three lines meet) formed by the nine triangles.

Drawing the eight-petalled lotus and the sixteen-petalled lotus surrounding this main portion, encircling the whole by three lines on all sides are done at the end, alike in both methods. In fact, they are regarded as inessential details, and are even altogether dispensed with in some traditions (as for instance in the Hayagrīva-saṁpradāya), while in some other traditions they are drawn as decorative details and are not involved in the worship rituals (as in the Ānanda-bhairava-sampradāya). It is only in the tradition known after Dakṣhiṇāmūrti that these perpheral details are held as important as the interior pattern of nine triangles.

There are two varieties of the *yantra* with regard to Śrī-cakra. The first, and the most commonly found, variety is the linear yantra. Śrī-cakra is drawn with a stylus using sandal paste, turmeric, *kumkum*, *gorocana*, or coloured ink as medium on a specially prepared ground, on a wooden plank, or on the flattened bark of some approved tree, on *bhūrja* or palm-leaf, or on paper. It may alternately be incribed on a metal sheet, gold, silver or copper, in order of preference. The potency of the *yantra* in gold is said to endure for a life-time of the *yantra* is silver for thirty-two years, and of the *yantra* in copper for twelve years (Ratna-sāgara). The golden *yantra* is said to promote worldly influence, the silver one health and long life, the copper one wealth; and the one made in all three metals together is said to secure all accomplishments. The metals that are unsuited for this purpose are iron, lead and zinc. Crystals are recommended as excellent material for inscribing the *yantra*. It should, however, never be written or hung on a wall, a screen or a pillar, Worship must always be conducted to the Śrī-cakra kept in a horizontal position, with the apex of the primary triangle facing the devotee.

The other variety is three-dimensional. This is called meru, because it assumes the form of a mountain. If the form is that of a low mountain, it is ardha-meru. It may be carved in stone, or crystal, cut in precious and semi-precious stones or cast in metal (gold, silver, or copper as mentioned above). Unlike the linear variety where all the nine *cakra*s are on the same plane, this variety projects the *cakra*s on different elevations. There are three subvarieties in the latter: (*a*) the three outer cakras (*viz., sṛṣṭi-cakra*) all on the bottom level, the three middle *cakra*s (*sthiti-cakra*) on the middle level, and the three inner cakras (*saṁhāra-cakra*) on the top level; (*b*) the outer square (*bhūpura*) on the bottom level, the lotus of sixteen petals (*ṣoḍaśāra*) and the lotus of eight petals (*ashṭa-dala padma*) on the middle level, and the main portion (*viz.,* the nine triangles

intersecting) all on the top level (inscribed or embossed on a flat surface; and (*c*) each of the nine *cakras* is on the different elevation, and the meru looks like a gradually rising mountain peak, with the square base (*bhūpura*) and pointed top (*bindu*), other *cakra*s being arranged in the ascending order.

The lay-out of Śrī-cakra is three-fold. Where emanation of the phenomenal universe from the central point (*sṛṣṭi*) is the prevailing idea, the *cakras* are arranged in the form of a mountain and are identified with the sixteen *nityā* deities (see section on the Tantra of Śrī-cakra). The lay-out hen is called *meru-prastāra*; it is prescribed as suitable for celibates and the less evolved devotees. When the prevailing idea is preservation of the universe (*sthiti*), the cakras are all laid out on the same plane, and are identified with *vaśinī-vāgdevatās* (see section on the Tantra).

The lay-out in this case is called *bhū-prastāra*; and is recommended as suitable for householders. When, however, the idea of dissolution (*laya*) prevails, the central point (*bindu*) stands out prominently, and the other *cakras* are arranged in one, two, or three elevations, and are identified with the *mātṛkas* (see section on the Tantra). The lay-out here is called Kailāsa-prastāra, recommended for ascetics and renunciants[10].

There is another way of classifying the Śrī-cakras, which is simpler than the above. When the entire design is inscribed, embossed, or drawn on a flat surface in flush with the ground, it is called *bhū-pṛṣṭha*. When the inscribed, embossed, or drawn on a flat surface in flush with the ground, it is called *bhū-pṛṣṭha*. When the inscribed, embossed, or drawn design in supported by a dwraf pedestal, raised like the back of a tortoise, it is called *kacchapa-pṛṣṭha*. When the inscribed, embossed, or drawn design is held aloft by a tall structure, or when the design assumes the form of a mountain with the *cakra*s on different elevations, it is called *meru-pṛṣṭha*.

Further, the *yantras* of Śrī-cakra fall into three groups according to the modes of their employment. When the *yantra* is a permanent one (inscribed on stone or on metal plates, or carved in stone, or cast in metals), and fixed to the ground, it is *acara* ('immovable'). Once it is ceremonially installed and consecrated, it becomes worthy of worship for all time, without any need for periodical renewals. If, on the other hand, the *yantra* is drawn by hand on an earthern plate, on a wooden plank, on *bhūrja* surface or on paper, or inscribed on a metal plate not fixed to a pedestal, its efficacy depends upon its proper consecration before the worship rituals begin; and it ceases to be worthy of repeated worship when once it is used. On each occasion of worship, the *yantra* must be prepared anew and consecrated afresh. Not being fixed to the ground, such a *yantra* could be carried about, and thus it is called *cara* ('mobile'). The third group of *yantras* consists of the design inscribed or carved in metal, crystal, gem and so on and worn on the body (as pendants, rings or amulets). These are necessarily small in size, and do not admit of ritualistic worship. They are, therefore, not consecrated in any manner. This group is called *dhāraṇa-yogya*. Its efficacy consists in its being touched and given by a holy man; it has no value when bought in a market.

3. THE NINE ENCLOSURES

Śrī-cakra is visualized as an elaborate mansion, in the innermost apartment of which abides the mother-goddess in all her majesty and glory. But the mansion presents a series of coverings or enclosures, passing through which we reach the sanctum. Each of these coverings hides the divine presence in a series of phenomenal and psychical projections and presentations; but it is suffuced by the divine presence. It can also illumine the devotee's path. That is why each of these enclosures (*āvaraṇa*) is regarded as a step to further our journey towards the sanctum of the mother-goddess, as a station in out onward spiritual progress.

There are nine of these coverings or enclosures (*āvaraṇa* from root *vr*, 'to cover'), beginning with the surrounding square, significantly called 'the earth-stretch' (*bhū-pura*), and ending with the central point (*bindu*), which is the natural abode of the mother-goddess. Each of these has its own name, physical form and spiritual significance; it sown appropriate colour (signifying the approach tendencies), a presiding divinity (*cakra-nāyikā* or *cakreśvarī*) who is merely a variant form of the mother goddess abiding in the central point, a class of specific aids in the spiritual progress (*yoginī*) representing differents aspects of the mother-goddess, and a particular guard-divinity (*mudrā-devatā*) who welcomes, purifies and delights the devotee (*mudam rāti*). The spiritual aids are 64 crores in number and they constitute the retinue of the mother-goddess (*mahā-catuḥ-ṣaṣṭī-yoginī-gaṇa-sevitā*).

Thus, Śrī-cakra is verily the body of the mother-goddess, her own form[11]. The nine enclosures actually reveal her true from to the devotee, and hence worship of each of these is enjoined on the devotee. The worship rituals involve the presiding deities, aids and guards mentioned above. The worship sequence begins with the outer-most enclosure (*bhūpura*) and is completed at the innermost enclosure (*viz.*, the central point, *bindu*).

(1) *First Enclosure*, called 'Deluder of the three realms' (*Trailokya-mohana*).

Its form is that of an 'all-inclusive square' (*sarvānta-caturāsra*). It is the wide space in which the entire *yantra* is poised. On its outer fringe are three lines (*tri-rekhā*), like ramparts of a fortress (*prākāra*), one inside the other, and coloured white, red, and yellow, in order. On the inner edge of the space are

three concentric circles (*tri-vṛtta*) surrounding the sixteen- petalled lotus.

The square provides a gateway (portal) on each side called *āmnāya* (East, South, West and North). The outer most line surrounding this square is the residence of the ten spirits of spiritual accomplishment (*siddhis*), four of them stationed at the four portals, another four at the four corners, one above and one below. These spirits represent abilities to become minute (*aṇimā*), swell into magnitude (*mahimā*), become light (*aghimā*), become heavy (*garimā*), to lord over (*īśitva*), to desire (*icchā*), to subjugate (*vaśitva*), to attain the objects to desire (*prākāmya*), to get pleasures (*bhukti*), and to actualize all intentions (*sarva-kāma-siddhi*). These are powers to be acquired for self-protection along the spiritual journey.

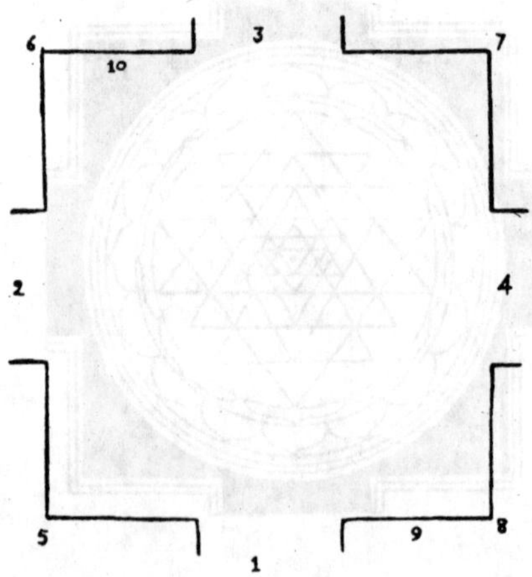

The second line surrounding the square represents the eight minor 'mother deities' (*mātṛkas*), four of them stationed at the doors and four at the corners. They are creatures of passionate longing (*Brāhmī*), of voilent anger (*Māheśvarī*), of insatiable avarice (*Kaumārī*), of dazed fascination for the world (*Vaiṣṇavī*), of piggish obstinacy (*Vārāhī*), of tormenting jealousy (*Indrāṇī*), of sinful disturbances (Cāmuṇḍā) and of benign inspiration towards merit (Mahālakṣmī). They have their consorts (*bhairvas*) : black-bodied Asitāṅga, indiganant Ruru, fierce Caṇḍa, thoughtless Krodha, intoxicated and proud Unmatta, envious Kapāla, terrible Bhīṣaṇa, and abrodbing Saṁhāra respectively.

The inner line surrounding the square represents ten feminine guards (mudrā-śakti) or guardians of the ten directions (dikpālas) : Sarva-saṁkṣobiṇī ('agitating all') stationed in the West; Sarvāvidrāviṇī ('chasing all') in North, Sarvākarṣiṇī ('fascinating all') in the East, Sarva-vaśaṅkarī ('subjugating all') in the South, Sarvoṅmādinī ('driving all mad') in North-West, Sarvāṅkuśā (goading all) in North-East Khecarī ('moving about in thin air') in South-East, Sarvabījā ('sprouting everything') in South-West, Mahāyoni ('the great source of all things') below, and Sarveśvarī (ruling over all') above.

Nine of these guardian spirits belong to the nine individual *cakra*s, and the last one (also known as Trikhaṇḍikā) belongs to the composite Śrī-cakra, pervading through all the parts[12]. The symbolism is also current that each of these guardian spirits rules over the six cakras in the body (*mūlādhāra* at the base, *svādhiṣ ṭhana*, *maṇipūra*, *anāhata*, *viśuddha* and *ājñā*), the *sahasrāra* (centre of pure consciousness), the *laṁbikāgra* (the centre of vision), and the bridge of the nose.

The three lines surrounding the square are taken to represents the feet, knees and thighs of Śrī-cakra personified as the deity. The divinity that presides over this enclosure (*cakreśvarī*) is Tripurā and the aids of the mother-goddess here are all manifest (*prakaṭa-yoginī*). The enclosure symbolises the first part of the emanation-*cakra* (*sṛṣṭi-cakra*), denoting 'emanation-emanation' (*sṛṣṣi-sṛṣṭi*).

(2) *Second Enclosure*, called 'Fulfiller of all hopes' (*Sarvāśā-paripūraka*).

Its form is that of the lotus of sixteen petals (*ṣoḍaśa-patraka*), immediately within the three concentric circles (*trivṛtta*) and outside the lotus of

eight petals. While delineating the petals, it is prescribed that there should be no space left between the petals. Such space is technically called '*kesara*' (defined as '*dala-dvaya-madhyāvakāśa*') which is said to spell harm.

The deity presiding over this enclosure is called Tripureśī, and her aids are unmanifest or hidden (*gupta-yoginī*). The powers that control this enclosure are sixteen in number, represented by the sixteen petals of the lotus from the East in counter-clockwise order : attractions pertaining to desire (*kāmākarṣiṇī*), intellect (*buddhyākarṣiṇī*), ego (*ahṅkārā-* or *karaṣiṇī*), sound (*śabdā*), touch (*śparśā*) form (*rūpā*), taste (*rasā*), smell (*gandhā*), thoughts (*chittā*), fortiṭude (*dhairyā*), recollection (*smṛtyā*), verbal lables (nāmā), sources of phenomena (*bījā*), selfhood (*ātmā*), immortality (*amṛtā*)

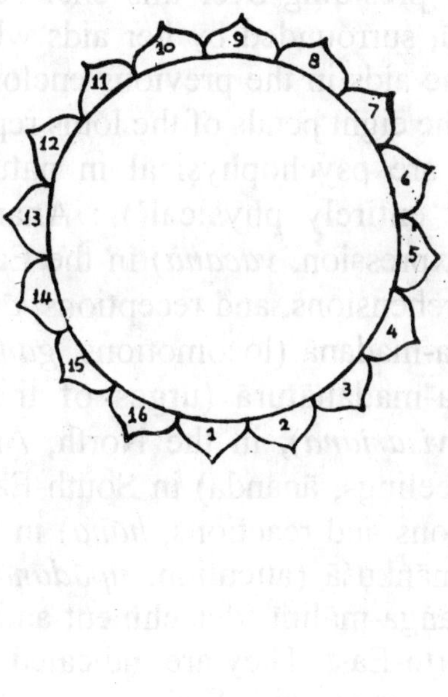

and body (*śarīrā*). They are indicated by the sixteen vowels, one inscribed on each petal, starting from East in a clockwise manner.

The corresponding center in the human body is *mūlādhāra-cakra*.

The enclosure symbolizes the second part of the emanation-*cakra*, denoting 'emanation-preservation' (*sṛṣṭi-sthiti*).

(3) *Third Enclosure*, called 'Agitator of all' (*Sarva-saṇkṣobhaṇa*).

Its form is that of a lotus having eight petals (*aṣṭa-dala-padma*), immediately within the above enclosure and outside the main portion of the *yantra* (*viz.,* the complex figure formed by the inter-section of nine triangles).

The deity presiding over this enclosure is called Tripurasundarī, surrounded by her aids who are more hidden than the aids in the previous enclosure (*gupta-tarayoginī*). The eight petals of the lotus represent eight forces which are psychophysical in nature (*anaṅga* meaning 'not entirely physical') : Anaṅga-kusumā (speech and expression, *vacana*) in the East. Anaṅga-mekhalā (apprehensions, and receptions, *ādana*) in the South, Anaṅga-madanā (locomotions, *gamana*) in the West, Anaṅga-madanāturā (urges of the body and eliminations, *visarjana*), in the North, Anaṅga-rekhā (pleasurable feelings, ānanda) in South-East, Anaṅga-veginī (rejections and reactions, *hāna*) in South-West, Anaṅga-madanāṅkuśā (attention, *upādāna*) in North-West, and Anaṅga-mālinī (detachment and dispassion, *upekṣā*) in North-East. They are indicated by the eight consonants beginning with '*ka*'.

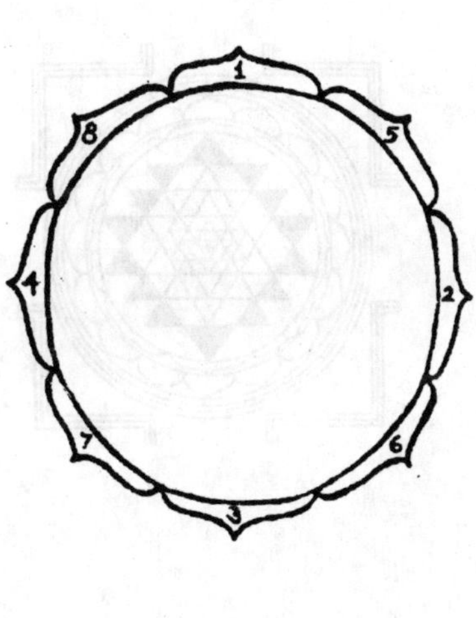
1
5
2
6
3
7
4
8

The corresponding center in the human body is the navel region (*nābhi*) or the loin (*kaṭi*).

The enclosure symbolizes the third and final part of emanation-*cakra*, denoting 'emanation-absorption' (*sṛṣṭi-saṁhāra*).

(4) Fourth Enclosure, called "Provider of all prosperity" (*sarva-saubhāgya-dāyaka*).

Its form is that of the fourteen-cornered figure (*catur-daśāra,* or bhuvana standing for the fourteen realms, or Manu standing for the progentors of the human race in fourteen segments of time), constituting the first enclosure in the main portion is Śrī-*cakra* (*viz.,* the complex figure formed by the intersection of nine triangles).

The deity presiding over the centre is Tripura-vāsinī, surrounded by the aids 'conditioned by tradition' (*saṁpradāya-yogini*).

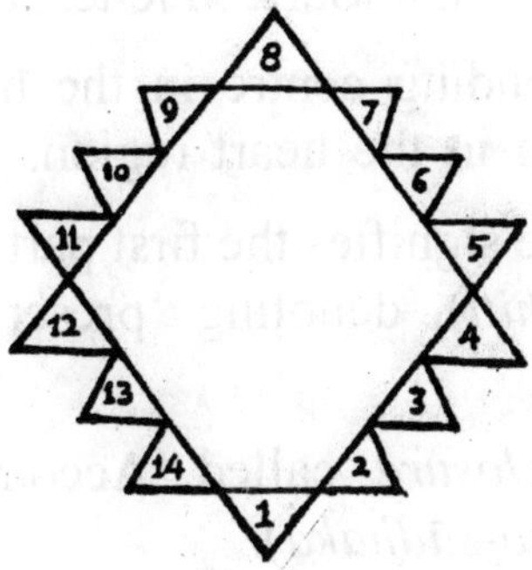

The fourteen corners (angles) of the enclosure represent fourteen of the vital channels (nāḍī) in the body. They are, from the East in anticlockwise order ; Sarva-saṅkṣobhiṇī ('agitator of all', *alaṁbushā-nāḍī*), Sarva-vidrāviṇī ('chaser of all', kuhū), Sarvākraṣiṇī, ('attractor of all' *viśvodharā*), Sarvāhlāda-kāriṇī ('delighter of all', *varaṇā*), Sarva-sammohinī ('deluder of all', *hasti-jihvā*), Sarva-staṁbhinī ('arrestor of all', yaśovatī), Sarva-jṛṁbhiṇī ('releaser of all', payasvinī), Sarvākarṣiṇī ('attractor of all, alternately called Sarva-vaśam-karī 'controller of all, *gāndhāri*), Sarva-rañjanī ('delighter of all', pūshā), Sarvonmādini ('maddener of all, *śaṅkhinī*), Sarvārtha-sādhanī ('accomplished of all objectives', sarasvatī), Sarva-sampati-pūraṇī ('provider of all wealth', *iḍā*), Sarva-mantra-mayī ('made up of all the *mantras', piṅgalā*), and Sarva-dvandva-kshayamkarī ('destroyer of all duality', alternately called Sarva-dvandva-kshayamkarī ('destroyer of all duality'), alternately called Sarva-mayī, 'made up of all phenomenal duality', *sushumnā*), They are indicated by the first fourteen letters of the alphabet.

The corresponding centre in the human body is the *anāhata-cakra* in the heart region.

The enclosure signifies the first part of the 'preservation'-*cakra* (*sthiti*), denoting 'preservation-emanation' (*sthiti-sṛṣṭi*).

(5) *Fifth Enclosure,* called 'Accomplisher of all objects' (*Sarvārtha-sādhaka*).

Its form is that of a ten-cornered figure (*daśāra*), immediately surrounded by the above; it is specified as the 'outer ten-cornered figure' (*bahir-daśāra*), for it encloses another figure of the same nature.

The deity presiding over this center is Tripurā-Śrī, surrounded by aids who are beyond the reach of sensory apprehension (*kulottīrṇa-yoginī*).

The ten corners of the figure house ten auspicious deities, from the East in anti-clockwise order; Sarva-siddhi-pradā (ensuring all attainments), Sarva-saṁpat-pradā (bestowing all wealth), Sarva-priyaṅkarī (doing only the most desirable), Sarva-maṅgala-kāriṇī (bringing all the good things), Sarva-kāma-pradā (fulfilling all the desires), Sarva-duḥkha-vimocanī (removing all sufferings), Sarva-mṛtyupraśamanī (counteracting all portents of death), Sarva-vighna-nivāriṇī (overcoming all obstacles), Sarvāṅga-sundarī (comely in all the limbs), and Sarva-saubhāgya-dāyinī (gifting all prosperity). They are indicated by the five consonants beginning with 'ka' and the five consonants beginning with 'ca'. The number 'ten' also signifies the ten incarnations of Viṣṇu, which secured the welfare of the worlds :

The corresponding center in the human body is the *viśuddha-cakra* at the throat.

The enclosure signifies the second part of the 'preservation (*sthiti-cakra*', denoting 'preservation-preservation' (*sthiti-sthiti*).

(6) *Sixth Enclosure* called 'Protector of all' (*Sarva-rakṣā-kara*).

Its form is that of a ten-cornered figure (*daśāra*), immediately inside the above, and therefore specified as 'inner' (*antar-daśāra*).

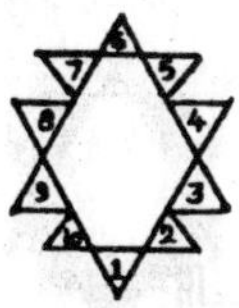

The deity presiding over this center is Tripuramālinī, attended by aids who are 'embryonic' (*nigarbha-yoginī*).

The ten corners represent ten powers of the vital fire (*vahni-kalā*): Sarvajñā ('knowing all', associated with recaka, elimination), Sarva-śakti-pradā ('bestowing all powers', *pācaka,* digestion), Sarvaiśvarya pradā (bestowing all wealth', śoṣaṇa, removing the defects of the stomachic fire), Sarva- jñāna-mayī ('full of all knowledge', *dāhaka,* burning), Sarva-vyādhi-vināśinī (undoing all diseases', plāvaka, flooding with *rasa* to help the digestive function), Sarvādhāra-svarūpa ('supporting all things', *kṣāraka,* bile-secreting), Sarva-pāpa-harā ('dispelling all misery', *kṣobhaka,* churning food), Sarva-rakṣā-svarūpiṇī ('protecting all beings', *jṛṁbhaka,* yawning), and Sarvepsita-phala-pradā ('granting the fruits of all that one wants' *mohaka,* causing fainting). They are arranged in the corners from the East in an anticlock- wise manner. They are represented by the five letters of the 'ṭa' group and five of the 'ta' group.

This figure is described as of the nature of fire (*agni*), and it symbolizes the third part of the 'preservation' (*sthiti*) *cakra*, denoting 'preservation-absorption' (*sthiti-saṁhāra*).

The corresponding center in the human body is the *maṇipūra-cakra*, but it is said to be situated between the eye-brows.

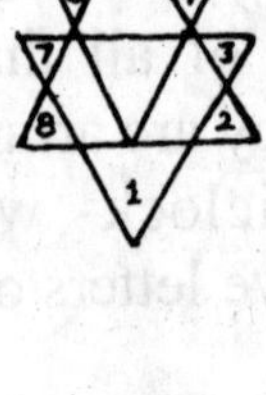

(7) *Seventh Enclosure,* called 'Remover of all diseases' (*Sarva-roga-harā*).

Its form is that of a eight-cornered figure (*aṣṭa-koṇa*, also called *vasu-koṇa,* because the number of Vasus is eight). It location is within the above enclosure and immediately outside the primary triangle.

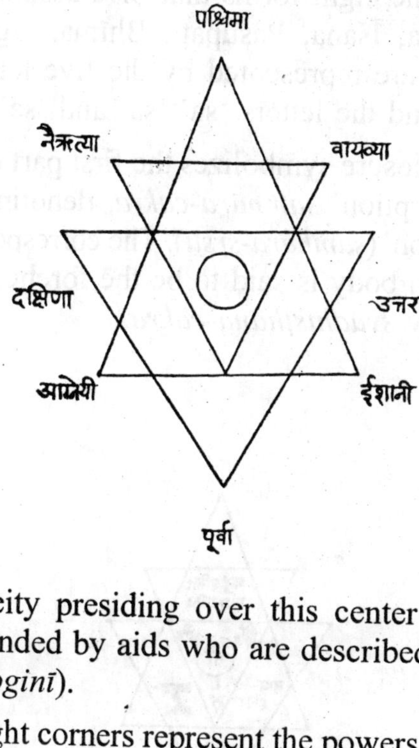

The deity presiding over this center is Tripura-siddhā, attended by aids who are described as 'secret' (*rahasya-yoginī*).

The eight corners represent the powers responsible for, or the expression of the eight fundamental urges : Vaśinī ('subjugating', associated with *śīta,* cold), Kāmeśī (lording over desires, *uṣmā,* heat), Mohinī (causing confusing, or Modinī, causing happiness, *sukha,* happiness), Vimalā ('purifying, *duḥkha,* pain), Aruṇa ('of the colour of ruddy dawn', *icchā,* desire), Jayinī, (conquering', *sattva,* wisdom), Sarveśī ('lording over all', *rajas,* activity), and Kaulinī ('of the family' also called Kalu-sundarī, *tamas,* inertia), arranged in the eight-corners of the figure from the East in an anticlockwise manner. They are also described as 'deities of self-expression' (*vāg-devatās*) who are very close to the mother-goddess (Lalithā). The number eight symbolizes the eight forms that Śiva assumes (Rudra, Bhava, Śarva, Īśāna, Paśupati, Bhīma, Ugra, Mahādeva). They are represented by the five letters of the 'pa' group and the letters 'śa' 'ṣa' and 'sa'.

The enclosure symbolizes the first part of the third *cakra*, 'absorption' *saṁhāra-cakra,* denoting 'absorption-emanation' (*saṁhāra-sṛṣṭi*). The corresponding area in the human body is said to be the forehead (*lalāṭa*), or alternately *svādhiṣṭhāna-cakra*.

Included in the same enclosure (in the space between this figure and the primary triangle) are four weapon-deities (*āyudha-devatā*) situated in the four directions guarding the primary triangle : Bāṇinī ('holding the arrow'), Cāpinī ('holding the bow'), Pāśinī ('holding the noose') and Aṅkuśinī ('holding the goad').

(8) *Eight Enclosure,* called 'Bestower of all attainments' (*Sarvasiddhi-pradā*).

Its form is that of a triangle with the apex facing East (*viz.* facing the devotee) or, when drawn on paper, hanging downwards. This is the primary triangle, situated centrally and retaining an independence in structure. It is called Kāma-kalā, and is the immediate evolute of the central point (*bindu*).

The deity presiding over this enclosure is Tripurāṁbā ('the mother of the triad') attended by aids who are 'exceeding secrets' (*ati-rahasya-yoginī*).

The three corners of the triangle represent three forms of the power of the mother-goddess. Kāmeśvarī (presiding over the Kāmarūpa-pīṭha; symbolizing Moon; representing Vāmā or the Vomiter of the expressive tendency, *viz.,* Brahmā's power of creation; and standing for the unmanifest aspect of Nature, *viz., avyakta-prakṛti*). In the eastern direction, Vajreśvarī (presiding over the Pūrṇāgiri-pīṭha; symbolizing Sun; representing Jyeṣṭhā the first-born, *viz.,* Viṣṇu's power by preservation; and standing for consciousness, mahat) to the right, and Bhaga-mālinī (presiding over the Jālandhara-pīṭha; symbolizing Fire; representing Raudrī or Rudra's power of dissolution; and standing for the ego, *ahaṅkāra*) to the left.

The three angles of the triangle also represent three forms of speech : *paśyantī, madhyamā* and *vaikharī.* The triangle is therefore called 'Speech-born' (*vāg-bhava*). The form of the triangle, representing the union of Śiva and Śakti, is suggested by the way in which the diphthong 'e' is written in Sanskrit. This vowel is formed by combining (*guṇa*) two vowel sounds 'a' (symbolizing Śiva) and 'i' (representing Śakti).[13] It is interesting to note that in the Guhyasamāja tradition of the Vajrayāna cult in Tibet also the letter 'e' symbolizes the 'triangle of Vidyā', comprehending the three-fold liberations : voidness, wishless and signless.

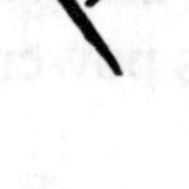

The triangle is also called 'wandering between horns' (*śṛṅgāṭa*), two horns seen in the two lines that meet at the eastern corner (facing the devotee) and the horizontal line touching these two lines on top suggesting movement between them.

Regarded as the head (*mastaka*) of the mother-goddess, the figure is likened to *sahasrāra-cakra* in

the human body. It is imagined that in the central space is situated the Uḍḍīyāna-pīṭha, the most important Tāntrika center. The mother-goddess, thus represented in 'three-fold in residence' (symbolizing the three Tāntrika centers Kāmarūpa, Pūrṇāgiri and Jālandhara, represented by three dots arranged to suggest a triangle), and in the empty space enclosed by the three in her unmanifest (hidden) abode (*Uḍḍīyanā*). Kāmarūpa is the left-eye, Pūrṇāgiri the right-eye, and Jālandhara the point between the eye-brows; the three units also symbolize the three fundamental tendencies of existence: desire (*icchā*), knowledge (*jñāna*) and activity (*kriyā*). Tripurā suggests not only the composite character but the unitary basis.

This center symbolizes the second part of the third *cakra* of absorption (*saṁhāra*), denoting 'absorption-preservation' (*saṁhāra-sthiti*).

The primary triangle, when taken to represent the iconic from of Lalitā (Rāja-rājeśvarī), the eight-cornered figure surrounding the triangle suggests the five basic elements of phenomenal existence (*tanmātra* : earth, water, fire, air and *ākāśa*), symbolized by the five arrows of flowers (*pañca-bāṇa,* which is also the symbol of *Kāma*), passion (*rāga*) symbolized by the noose (*pāśa*), aversion (*dveṣa*), symbolized by the goad (*aṅkuśa*), and mind (*manas*) symbolized by the sugar-cane stalk (*ikṣu-daṇḍa*), all of which are held by the deity.

The primary triangle is white in colour, signifying pure *sattva.*

(9) *Ninth Enclosure,* called 'Filled with all bliss' (*sarvānanda-maya*).

Although called an 'enclosure', it is actually the point (*bindu*), which is central to the primary triangle (and to the whole pattern of Śrī-*cakra*). In fact the primary triangle is merely the manifest form of the central point. The point is the actual *maṇḍala* or the abstract Uḍḍīyāna-pīṭha in which the mother-goddess resides (*bindu-maṇḍala-vāsinī, mahodyāna-pīṭhasthā*).

The deity that presides over this point-region (*baindava-sthāna*) is Tripura-sundarī, Lalitā, Kāmakalā, Parābhaṭṭārīkā, Mahā-Kāmeśvarī or Śrī-vidyā. She is the empress of the entire kingdom of Śrī-*cakra* (Śrī-cakra-rāja-rājeśvarī). The aids that attend on her here are 'secret beyond all secrets' (*parāpara-rahasya yoginī*). This center is red colour, for it represents the deliberation of Śakti (*Vimarśā*), primordial spurt of activity (*rajo-guṇa*),[14] upon the foundational consciousness that is Śiva (*prakāśa*) (See section on the *Tantra*).

The center thus is the 'field of deliberation', which is the indissoluble union of the subjective and objective counterparts of experience, the 'I' and the 'This', *viz.*, Śiva and Śakti[15].

In actuality, the central point is composed of three dots (or drops, *bindu-traya*), or three 'fires': (*a*) Moon (*soma*), red in colour, representing the *iḍā* channel (or the left channel in the human constitution); (*b*) Sun (*sūrya*), white in colour, representing the *piṅgalā* (or the right vital channel; (*c*) and Fire (*vahni, agni*), of mixed colour and representing the central vital channel suṣumṇā[16]. The three dots are arranged in the form of a triangle.

The top dot symbolizes the head of the deity as also the sign in Sanskrit for the unmodified nasal or *anusvāra*, 'ṁ', and the pair of dots at the bottom symbolizes the breasts of the mother-goddess and also the sign for the unmodified sibilant or *visarga*, which also means 'creation', 'emanation', 'projection'. The two sounds are interesting; while producing the sound *ṁ* (the unmodified or neutral nasal), we close the two lips together and the sound goes inward; while producing the other sound ('h' unmodified sibilant) we part the lips, and the sound goes out. The former illustrates the acts of 'gathering up' (*saṁhāra*) while the latter 'emanation' (*sṛsnṭi*)[17]. The one central point becoming three is an act of 'swelling' (*ucchūna*). This is how the central point becomes the primary triangle in Śrī-cakra.

The center symbolizes the final part of the third *cakra*, of 'absorption' (*saṁhāra*) denoting 'absorption-absorption' (*saṁhāra-saṁhāra*). It is because of the complete absorption of the phenomenal projections into the very self of the mother-goddess and utter freedom from duality, the center bears the name 'filled with all bliss'[18]. Bliss is defined as 'resting in oneself' (*svarūpa-pratiṣṭhā*). In the human constitution, it corresponds to the central outlet within he '*sahasrāra-chakra, viz., brahma-randhra.*

Complete absorption is another term for entirety (*samaṣṭha, samastī*). That is why the mantra for the form of the divinity at this center is :

हूँ श्री समस्तां मूलविद्यां औड्डीयानपीठे श्रीमहात्रिपुर सुन्दरी देवीश्रीपादुकां पूजयामि नमः।

REFERENCES

1. मिनोमि क्षिपति उच्चत्वात् इति मेरुः।
2. *cf.* Buddha-guhya's gloss on Durgati-pariśodhana-vṛtti. *cf.* also Guhya-samāja-tantra, Hevajra-tantra and Kālacakra-tantra.
3. *cf.* Ḍiṇḍima-bhāṣya on Saundrya-laharī, 24 *cf.* also
   सृष्टिकर्त्री ब्रह्मरूपा गोप्त्री गोविन्दरूपिणी।
   lgkfj.kh #nz[;k frjks/kkud jh?वरी।
   सदाशिवानुग्रहदा पञ्चकृत्यपरायणा।।
   and सृष्टि स्थित्युपसंहार विधानानुग्रहात्मकः।
   कृत्यं पञ्चविधं यस्य तन्नुमः शाश्वतं शिवम्।। (*Śāṁbhavī-dīpikā*)
4. श्रीचक्रं शिवयोर्वपुः (Lālita-triśatī)
5. चतुर्भिः शिवचक्रैः शक्तिचक्रैश्च पञ्चभिः।
   नवचक्रैश्च संसिद्धं श्रीचक्रं शिवयोर्वपुः।। (Lalithā-triśati), also Sāundarya-laharī,
   11 and पञ्चशक्तिचतुर्वह्निसंयोगाच्चक्रसम्भवः (Saṅketa-paddhati)
   6. त्रिधा चैव नवधा चैव चक्रसङ्केतकं पुनः। Yoninī-hṛdāya, 1, 73)
   cf. also त्रिकोणं मण्डल चास्या भूपुरं च त्रिरेखकं।।

मन्त्रोऽपि त्र्यक्षरः प्रोक्तः तथा रूपत्रयं पुनः।।
त्रिविधा कुण्डली शक्तिः त्रिदेवानां च सृष्टये।
सर्वं त्रयं त्रयं यस्मात् तस्मात्तु त्रिपुरा मता।। (Kālikā-purāṇā)
and नवायोनीर्नवचक्राणि तृधिरे नवैव योगा नव योगिनीश्च।
नवानां चक्रे अधिनाथस्योना नवमुद्रा नवभद्रा महीनाम्।।

(Tripuropaniṣat)

7. त्रिकोणमष्टकोणं च दशकोणद्वयं तथा।
चतुर्दशारं चैतानि शक्तिचक्राणि पञ्च च।।
बिन्दूष्टलं पद्मं पद्मं षोडशपत्रकं।
चतुरश्रं च चत्त्वारि शिवचक्राण्यनुक्रमात्।।

(Lalitā-triśāti, 'phala-stuti', 12-14)

8. वामा ज्येष्ठा रौद्री चम्बिकयानुत्तरांश भूता स्युः।
इच्छाज्ञानक्रियाशान्ता श्रैयास्तथोत्तरावयवाः।।

(Kāmakalā-vilāsa, 23-24)

cf. also आधार नवकस्थाः नवचक्रत्त्वेन परिणतिं याताः।, (*Ibid.* 47)

9. त्रिकोणे बैन्दवं श्लिष्टं अष्टारेऽष्टदलाम्बुजं।
दशार योः षोडशारं भुवनं भुवनात्मके।।

It is because of such union, which is six-fold, that the design itself is called 'yoginī' (*cf.* Varivasyā-rahasya, 2, 94).

शैवनामापी शाक्तानां चक्राणां च परस्परं।
अविनाभावसम्बन्धं यो जानाति स चक्रवित्।।

(Bhairavā-yāmala, 'candra-jñāna-vidyā').

10. Śrī-vidyārṇava-tantra.
11. एवमेतन्महाचक्रं महाश्रीत्रिपुरात्मकम्। (Nityāpaṭala)
12. सर्वस्य चक्रराजस्य व्यापिका परिकीर्तिता।
13. अकारः परमशिवः। तस्य स्त्रीसंयोग लक्षणे ङीप्। तयोः संयोगेन एकार निष्पत्तिः। (Bhāskara-rāya)
14. The three *guṇas* have their characteristic colours : *Sattva* is white, *rajas* red and *tamas* black.
15. वेदकवेद्ययोः अहन्तेदन्तयोः शक्तिशक्त्योः अभेदैवविमर्शाभूमिरेव बिन्दुचक्रमिति ज्ञेयम्।

16. *cf.* Rudra-yāmala, 6, 49. See for further details the section on Tantra.
17. The idea of 'emission' in *visarga* is as old as Taittīriya-brāhmaṇa, 3 (Bhāvanopaniṣat, 27).
18. सदानन्दपूर्णा स्वात्मैव परा देवता। (Bhāvanopaniṣat, 27).

CHAPTER II

THE MANTRA OF ŚRĪ-CAKRA

1. The Symbolism of Śrī-Cakra

One of the most interesting, if also intriguing, aspects of the Indian thought pertains to the philosophy of language. The raw materials of language are the sound-units that constitute the alphabet. The vowels from the short a to the unmodified nasal m, fifteen in number, are regarded as the 'male' principle (Śiva), the foundational and contentless consciousness. From five of them *a* (अ), *i* (इ), *o* (ओ), *ṛ* (ऋ) and *lṛ* (ऌ), five groups of consonants (*viz.*, guttarals beginning with *ka* (क), palatals beginning with *ca* (च), cerebrals or unguals beginning with *ṭa* (ट), and dentals beginning with *ta* (त) and labials beginning with *pa* (प), evolve. The five consonants beginning with *ka* (क), represent the five primary forms of matter (the *mahābhūtas, viz.*, earth, water, fire, air and *ākāśa*); the five consonants of the *ca* (च) group represent the pure and bare condition of the same five forms (*tanmātras*); the five consonants of the *ṭa* (ट) group are symbolic of the five organs of action (*viz.*, speech, prehension, locomotion, excretion, and reproduction); the five consonants of the *ta* (त) group represent five sense-organs (visual, auditory, olfactory, gustatory and tactual); the five consonants of the *pa* (प) group stand for mind (*manas*), ego (*ahaṁkāra*), individualized consciousness (*buddhi*), the feminine principle of action, change and growth (*prakṛti*) and the masculine principle of undifferentiated but inspiring consciousness (*puruṣa*). Thus, these twenty-five consonants represent the twenty-five principles of existence (*tattvas*).

The other consonants are evolved from these five consonants : the liquid *ya* (य) and the sibilant *śa* (श) from *ca* (च); the liquid *la* (ल) and the sibilnt *sa* (स), from *ta* (त) the liquid *va* (व) from *ta* (त), and *pa* (प) together; and the soft breathing *ha* (ह) from the unmodified sibiliant at the end of vowel group (*visarga*). The four consonants *ya* (य) *ra* (र), *la* (ल), and *va* (व) represent the principles of attachment (*rāga*), wisdom (*vidyā*), *kalā* and *māyā;* and the four consonants *śa* (श), *ṣa* (ष), *sa* (स), *ha* (ह) represent the principles *mahāmāyā, śuddhavidyā, īśvara* and *sadāśiva*. Altogether, there are fifty letters (15 vowels and 35 consonants), and they exhaust the universe of existence and experience, of appearance and reality, of the empirical and the transcendental orders.

The Universe bound by the dimension of its unmanifest origin (*Śiva*) on the one hand, and by the dimension of its manifest passing out and absorption (*Śakti*) on the other hand, are illustrated by the letters of the alphabet beginning with a (अ) and ending with *ha* (ह). The initial letter stands for the 'manifesting consciousness' (*prakāśa*) of Śiva and the final letter for the 'reviewing energy' (*vimarśā*) of Śakti[1]. The former is the 'origin' (*mūla*), while the latter is 'nature' (*prakṛti*). The Universe, thus, is a play of the 'original nature (*mūla-prakṛti*), which is the mother-goddess (*mātā*). The letters of the alphabet, signifying the several forms of this 'original nature', are thus called 'mother-like' (*māṭrkās, 'mātā*-iva).

The Sanskrit word formed by the initial vowel '*a*' (अ) and the final consonant ha (ह) surmounted with the unmodified nasal (ṁ) means egoity ('I'), which pervades the entire world of experiencing and expressive living beings. It is important to note that the terminal consonant *ha* (ह) is associated with the last of the vowels, ṁ, thus suggesting the reassertion of prakāśa element. The symbolism of aham ('I') would therefore be Śiva-Śakti-Śiva. In fact, the entire group of fifteen vowels beginning with the soft '*a*' and ending with the unmodified nasal (*anusvāra, ṁ*) is counted as one principle, the first *tattva*.

In Śrī-vidyā ideology, there is no disparate existence of signifying sound (*vācaka*) and the signified object (*vācya*); and the expressing consciousness and the expressed energy are fundamentally one. The Universe of experience, therefore, is nothing other than the expressive sounds that constitute the alphabet (*viśvaṁ vidyābhinnaṃ*). The thirty-six letters (the fifteen vowels taken as one, and the consonants 35) of the alphabet correspond to the thirty-six principles (*tattvas*) that underlie the constitution and function of the universe. The thirty-seventh principle (actually transcending the other principles, *tattvātīta*) is involved in an unmanifest manner for it is the necessary ground for the principles which are manifest in the Universe[2].

The consonants by themselves are impossible to meaningfully vocalize without the aid of vowels. The consonants as accommodated in the alphabet are, therefore, invariably associated with, in fact dependent upon, vowels (like *ka, la,* etc.) as Śakti on Śiva. The vowels are said to provide power (*śakti*) to the consonants, which are in the nature of mere seeds (*bīja*)[3]. To transform these ordinary letters into the 'mother-like' (*mātṛikā*) condition, the composite vowel power along with the thirtyseventh sound (correspon-ding to the unmanifest but present *tattvātīta*) is added. Technically, this additive detail is called 'the moon and the point' (*candra-bindu*), the moon signifying the collective power of fifteen vowels tending towards the final unmodified nasal, and the point (dot) suggesting the thirty-seventh principle. Moon's parallelism with the fifteen vowels taken collectively is derived from the fact that moon has fifteen phases (*tithi*) during each fortnight, the sixteenth phase being transcendental and unchanging[4].

The letter of the alphabet are also identified with various aspects of the divinity. The vowels constitute the head, a and *ā* the back of the head and face; *i* and *ī* the two eyes; *u* and *ū* the ears; the *ṛ* and *ṝ* nostrils, *lṛ* and *lṝ* the two cheeks; *e* and *ai* the two sets of teeth, upper and lower; *o* and *au* the two lips; the unmodified nasal (*ṁ*) the tongue, and the unmodified sibilant *ah* (*visarga*), the neck. The consonants constitute the rest of the body; the *ṭa* group and the ta-group feet; the *pa* and *pha* the two arm-pits; *ba, bha* and *ma* tactile sensations, navel and heart. The other consonants are vital currents inside the body.

The articulated awareness in the form of sounds meant to obtain, crystallize and communicate know-ledge concerning the most fundamental principles governing the Universe, is in the Tāntrika lore designated Vidyā. It consists essentially of individual letters of the alphabet, and specific sounds when articulated. Vidyā thus means not only verbal know- ledge but the underlying conceptual reality. The term Vidyā is generally employed to mean an aspect of the mother-goddess. The *tantras* speak of ten such mother-goddess (*daśa-Vidyās*) who are identified with different sound-patterns and their symbolisms. Kāli, Tārā, Ṣoḍaśī, Bhuvaneśvarī, Bhairavī, Cinna-mastā, Dhūmāvatī, Mātaṅgī, Kamalā and Bagalā-mukhī. Of these ten, the first two are described as *mahā-vidyās,* the next five as vidyās, and the last three as *siddha- vidyās*. The first group of *vidyās* is meant for few and advanced devotees, the second for most of the devotees, and the third for devotees intent on magical skill and violent results.

The third of these *Vidyās* is known as *Śrī-vidyā,* also known as Ṣoḍaśī, because the *mantra* of this mother-goddess consists of sixteen letters with the addition of the sacred seed-syllable 'Śrī'. A variant of this *mantra*, however, comprises only of fifteen letters (with the omission of the terminal Śrī), known as *pañcadaśī*. This *vidyā* is a peculiar arrangement of letters (vowels and consonants) in three units, which signify the thirty-six (in *pañcadaśī* or thirty seven in *ṣoḍaśī*) principles that we mentioned already. That it is the verbal formulation of the visual Śrī-cakra will be discussed later.

2. PAÑCADAŚĪ AND ṢOḌAŚĪ

The Universe of fifty letters (*māṭrkā-cakra*) is accommodated in the rays of light (*kalā*) which sustain the Universe : the vowels are the 16 aspects of the

Moon (15 for the days of the fortnight, and the transcendental aspect which is beyond change), the consonants from *ka* are the 24 aspects of the Sun; and the consonants from ma are ten aspects of Fire[5]. Thus the *māṭrkā-cakra* comprises three fields (*tri-purā*), three types (*tri-vidhā*), or three parts (*tri-khaṇḍā*). Hence, the mother goddess who symbolizes this triad is Tripurā. She also signifies the three powers that confirm her presence; the power of cognition, the power of action, and the power of intention[6]. In her aspect as the power of cognition, she is designated as Vāgīśvarī (the field being called *Vāgbhava-cakra*); in her aspect as the power of action, she is Kāmeśvarī (the field being called *Kāmarāja-cakra*); and in her aspect as the power of intentions she is Parā-śakti (the field being called *śakti-cakra*).[7]

In the iconic representation of the mother-goddess, the first field (Moon) is regarded as her head, the second (Sun) as her torse; and fields are fifteen 'mother-like' letters, which are collectively called Pañcadaśī. Pañcadaśī (or Śoḍaśī, with the addition of another seed-letter Śrī) is not merely the *mantra* of the mother- goddess; it is itself the mother-goddess, even as the ninefold *yantra* is itself the body of the mother-goddess. The origin of the *mantra* is traced back to the *Śāṅkhāyana-Śruti*.

The tradition that advocates the use of this *mantra* mentions twelve pioneers : Meru, Candra, Kubera, Lopāmudrā, Manmatha (Kāma), Agastya, Nandi, Sūrya, Viṣṇu, Skanda, Śiva and Durvāsā (Krodha-bhaṭṭāraka). Many of these names do not suggest historical persons, except Lopāmudrā, Agastya and Durvāsā. Different versions of the same *mantra* are said to have been taught by others like Dharma-rāja, Agni, Nāga-rāja, Budha, Brahmā, Īśāna, Rati (wife of Kāma), Jīva, and Varuṇa[8]. These versions are extant, but they are not in vogue. The only versions that popularly prevail are those associated with Agastya ('Kādi version') and his wife Lopāmudrā ('Hādi version'). All versions alike take the hymn in *Śāṅkhāyana-śruti* as their common authority.

The hymn[9] cited produces this *mantra* of fifteen letters in three groups, known as *kūṭas* (peaks) or khaṇḍas (sections).

(1) क ए ई ल। ह्रीं।

(2) ह स क ह ल। ह्रीं।

(3) स क ल। ह्रीं।

This version, which begins the *mantra* with the letter *ka* is known as *'kādi-vidyā'* ('the formula commencing with *ka*). There is another version, which omits some letters and gives letters in a slightly different order :

(1) ह स क ल। ह्रीं

(2) ह स क ह ल। ह्रीं

(3) स क ल। ह्रीं।

This alternate version commences the *mantra* with the letter *ha* and is therefore known as *'hādi-vidyā'* ('tha formula commercing with *ha*). The former tradition, said to have been promulgated by Kāma (Eros), is ascribed to a line of teachers: Parama-śiva, Durvāsā, Hayagrīva and Agastya; and it is more popular all over the country than the other one. *Tantra-rāja-*

tantra and *Vāmakeśvara-tantra* are its chief authorities. The latter tradition goes back to Lopāmudrā, wife of the sage Agastya, and was prevalent in Kerala. The main text on which this tradition relies is *Tripuropaniṣat*. There is a belief that the 'Kādi' tradition is not only earlier but more important[10].

There are several other versions of the *mantra*, depending upon the main import that is sought to be projected. That a group of five versions, known as *pañca-sundarī,* was prevalent at one time has been mentioned in some medieval texts :

(1) Verbal communication (*bhāṣā*) :

ह क ल स। ह्रीं। क ह ल स। ह्री। क ल स ह। ह्री।।

(2) Emanation (*sṛṣṭi*) :

ह स क ल। ह्रीं। ह ल क ह स। ह्रीं। स क ल। ह्री।।

(3) Preservation (*sthiti*) :

ह ल क स। ह्रीं। क स ह ल। ह्रीं। क ह स ल। ह्रीं।।

(4) Absorption (*saṁhṛti*):

ह ल क स। ह्रीं। क स ह ल। ह्रीं। ह ह क ल। ह्रीं।

(5) Indeterminate state (*nirākhya*) :

ल क स। ह्रीं। स ह क ल। ह्रीं। ह स स ह क। ह्रीं।।

Another version, designed to gather up thoughts and make the mind inoperative in the normal framework but active in the spiritual practice (*unmanī*) has been mentioned.

क ए ई ल। ह्रीं। ह क ह ल। ह्रीं। ह स क ल। ह्रीं।

Only two among the versions, however, have been in vogue among the general run of practitioners : *'kādi'* and *'hādi'*. The difference between the two versions is mainly in the number of effective letters used. When the repetitions of the letters are not counted, the *'kādi'* version has seven letters (क ए ई ल ह्रीं ह स) while *'hādi'* has only five (ह स क ल ह्रीं). The latter omits two letter ए and ई, both of which are held as very important in the *'kādi'* tradition. That is why, the *'kādi'* tradition, adopted by one of the most important among the texts of Śrī-vidyā, *viz., Lalitā triśatī-stotra,* is held in high esteem[11].

There is another view which emphasizes the primacy of one or the other of the three units in the fifteen-lettered *mantra*. The view known as *kālī-krama* (also called *Kuṇḍalī-krama*) begins the *mantra* with the unit क ए ई ल। ह्रीं। (and hence designated *kādi-vidyā*); it underlines the *sattva* (benevolent, knowledge-oriented) aspect of the mother-goddess. In terms of the *pañca-sandhyā* ritual, the *mantra* is worshipped as Kāma-kalā-kālī at dawn, as Bhuvaneśvarī at noon, as Cāmuṇḍā at dusk, as Samaya-kubjikā at night, and as Kādi-pañcadaśī at midnight. This is prescribed as most suitable for householders. The view known as *Tārā-krama* (also called *samavarodhinī-krama*) begins the *mantra* with the unit स क ल। ह्रीं। (and hence *sādi-vidyā*), emphasizing the *rajas* (dynamic, action-oriented) aspect of the mother-goddess in the *pañca-sandhyā* ritual, she is worshipped as *Dakṣiṇā-kālī* (or Aniruddhā-sarasvatī) at dawn, as Tārā at noon, as Bālā at dusk, as Jñāna-sarasvatī at night, and as Sādi-pañcadaśī at midnight. The third view known as *Sundarī-krama* (also called *Haṁsa-krama*) begins the *mantra* with the unit ह स क ह ल। ह्रीं। (and hence *hādi-vidyā*), and emphasizes the *tamas* (malevolent, ignorance-orienter) aspect of the mother-goddess, who is worshipped as Ādyā-kālī at dawn, Tārā at noon, Chinna-mastā at dusk, Bagalā-mukhī at night, and Hādi-pañcadaśī at midnight. The last one is said to be suitable only for those engaged in blank magic, sorcery and such other evil mechanizations. Householders are forbidden to adopt either the Tārā or the Sundarī-krama.

What has been said till now refers to the fifteen-lettered *mantra* of Śrī-vidyā known as *pañca-daśī.* But an older tradition speaks of 'Ṣoḍaśī (the *mantra* with sixteen letters, figuratively described as 'the girl of sixteen') as the real Śrī-vidyā[12]. It is not only praised as the best of *vidyās*, but great secrecy is attached to it : "Do not impart to the undeserving this sixteen-lettered lore, even if you are threatened with death. This lore must be guarded as a great secret like one's private part. When the devotee's mind becomes absorbed in the feet of the guru, like salt in water, it is only then that the great *vidyā* is to be communicated to him, out of compassion"[13]. This lore is said to be the hidden import of all the Vedas, *Śāstras, purāṇas* and the *yāmalas*[14].

But the *ṣoḍaśī* is substantially the same as *pañcadaśī,* using the same letters in the same order, but adding the seed-syllable of prosperity 'Śrīṁ' at the end[15]. The form it would take would be :

ओं। क ए ई ल। ह्रीं। ह स क स ल। ह्रीं। स क ल। ह्रीं। श्रीं।

But then, the nature of the *mantra* would significantly alter. Instead of the three units (*khaṇḍas*) of the *pañcadaśī*, we have here four units, 'Śrīṁ' itself constituting the fourth unit, called 'transcendental unit' (*turīya-khaṇḍa*). In the *pañcadaśī* the transcendental form is said to be subtle or unmanifest, whereas in the ṣoḍaśī it becomes explicit.[16] Thus, instead of the thirty-six tattvas expressed in the *pañcadaśī*, the *ṣoḍaśī,* speaks of the thirty-seventh *tattva* beyond *tattvas* also.[17] The expression 'Śrzī-vidyā' refers to the importance of this ultimate but pervasive principle represented by the syllable 'Śrī'.

The mother-goddess has only fifteen aspects, corresponding to the fifteen phases of the moon in the fortnight; but the sixteenth aspect that the *ṣoḍaśī* includes is pervasive in all the phases and is verily the entirety of the mother-goddess, in her natural aspect as pure existence, consciousness, and bliss.[18] *Pañcadaśī* also enumerates this as the transcendental aspect (*turīya-kūṭa*), but more by implication than by explicit statement. The explanations of the *mantra* of fifteen letters always reckon four units, the fourth, however, not including any letters of the *mantra*.

There are also extensions of *pañcadaśī* like the ones into the seventeen-lettered *mantra* (*saptadaśa-vidyā*), with, at the end, *haṁsa* in *Rudrayāmala*; into the eighteen-lettered *Kāmarāja-ashṭādaśa-vidyā* with the initial addition of *aiṁ* in the first unit, *hrīṁ* in the second, and *śrīṁ* in the third (ऐं क ए ल ह। ह्रीं। ह्रीं ह स क ह ल। ह्रीं। श्रीं स क ल। ह्रीं श्रीं॥); into the twenty-one-lettered *mantra* in *Siddha-yāmala* (क ए ई ल। ह्री। ह स क ह्रीं ल। ह्रीं। स क ल। ह्रीं। स्त्रीं ऐं क्रों क्रीं ल्कां। हूं॥) and into the thirty-seven-lettered *para-vidyā* :

ओं। ऐं क्लीं सौः। क ए ल ह ह्रीं। सौः क्लीं ऐं।
ओं। ऐं क्लीं सौः। क स क ह ल ह्रीं। सौः क्लीं ऐं।
ओं। ऐं क्लीं सौः। स क ल। ह्रीं। सौः क्लीं ऐं। ओं॥

There is also a *mahā-ṣoḍaśi* with 28 letters : eight seed-syllables, *pañchadaśī* (15 letters) and the first five seed-syllables in the reverse (*viloma*) order.

In all these instances, the basic structure is that of *pañcadaśī*, and care is always taken to group the letters and other seed-syllables into three explicit units, with the fourth unit either spelt out or implied. Even when absent or undefined, the fourth unit it is that endows unitary significance to the *mantra*. The three explicit units are like upto the body of the mother-goddess ("*mūla-kūṭa-traya-kalevarā*", *Lalitā-sahasranāma*), while the implicit fourth is her very self. Seed-syllables like *aiṁ*, *klīṁ* and *śrīṁ* emphasize this fourth unit, which is regarded as 'secret' (*rahasya*).

Bhāskara-rāya, the most revered authority on the Śrī-vidyā, roundly tells us that "those who merely know how to articulate the *mantra* without understanding the meaning thereof are like donkeys carrying loads of sandal-wood; utterance of words without a knowledge of their import will not tend to any accomplishment, even as ghee poured on the ashes will not help light a fire"[19]. And he suggests that meanings are manifold : general sense, traditional import, secret teaching. practical import, etymological meaning, explanations based on word-power, total meaning etc. "In short, there are as many meanings as there are letters in the *pañcadaśī*"[20].

Broadly, however, meanings are two-fold : (1) explanations of the essential symbolism and verbal imagery involved; and (2) communications of practical significance, meant to guide the devotee. The latter are of course, beyond the scope of this (or any other) book. The former is both eleborate and diffuse; and much of the imagery has now become obsolete. Works of comparatively recent origin which seek to offer symbolic explanations for the *mantra* can be forbiddingly complex, abounding in flights of imaginations (like *Tri-kāṇḍa-sārārtha-bodhinī, Śrī-vidyā-saṅketā-bhāṣya* and *Pañcadaśī-rahasya-vivaraṇa*). But works of celebrated writers like Gauḍapāda, Lolla-Lakṣmīdhara, Bhāskara-rāya and Gīrvāṇendra-sarasvatī attempt to present the traditional view-point that it is the primal symbolism (*ādi-vidyā*) which provided the inspiration for the Vedas and the rest of religious and philosophical lore in the country ('*sarva-veda-śāstrāṇām api kāraṇa-bhūtā*') There may be some truth in the argument that this symbolism goes back to hoary antiquity.

Pañcadaśī has, as has often been mentioned earlier, fifteen letters arranged in three units (*khaṇḍas* or *kūṭ as*). The first unit is called *Vāgbhava-kūṭa* and contains five letters. The first letter, guttaral *ka*, stands for Kāmeśvara, the higher principle that governs our intentions and desires; it stands for the field of waking life, where the sense-organs and mind are transacting with the phenomenal world outside (*jāgradabhimāni-viśvaḥ*). The letter is explained as derived from the root which means 'to illumine' (*kan dīptau*); and in this sense, it is the principle of consciouness (*buddhi*). It is also the vital principle in the human constitution, and it is the symbol of Self.[21] Finally, *ka* is said to represent '*kāma*', the cosmic urge to find expression and satisfaction, or Brahmā the creator. The consonant *ka* is actually a union of the sound क् with the vowel अ (Śiva-Śakti).

This is an important letter, as it occurs thrice in the *mantra*. It is said that is suggests three kinds of devotees (*upāsakas*), '*sakala*' (impure, inferior, believing only in actions), '*pralayākala*' (mixed, midling, believing in actions as well as knowledge), and '*vijñāna- kevala*' (pure, superior, believing in knowledge only).[22]

The second letter is *e*, which, stands for the feminine counterpart of the above, Kāmeśvarī, or Lakṣmī. The symbol ए, which resembles a triangle when written in Sanskrit, typically stands for the mother-goddess as the source of all things[23]. It is derived from the root which means 'to remember' (*īk smaraṇe*), ad represents the dream state, where the mind is dynamic (*svapnābhimānī taijasaḥ*). If क is Brahmā, ए is the power of Brahmā to manifest, express and denote (Bhāratī).

The central point (*bindu*) enclosed in a triangle (*trikoṇa*), which signifies the consonant क followed by the vowel ए, symbolizes the union of Śiva and Śakti which is responsible for the emanation, preservation and dissolution of the phenomenal world, as suggested in the opening verse of *Saundarya-laharī*. The former (Śiva) is represented by one half of the *yantra* (composed of four triangles), while the latter (Śakti) is represented by the other half (composed of five triangles). Together they bring about all the nine enclosures that go to constitute the whole *yantra*[24]. There is also an explanation that Śiva represents the Vedāntika Absolute (*avikṛta-caitanya, brahman*) and Śakti the power of mayā, the union of the two bring responsible for the world.[25] In the Sāṁkhyan framework, the union of Puruṣa and Prakṛti is the corresponding ideology.[26] The central point (*bindu*) is in poetic imagery styled as the 'ocean of ambrosia' (*sudhā-*

sindhu), within the 'abode of the wish-fulfilling crystal (*cintāmaṇi-gṛha*), *viz.,* the triangle, surrounded by the *nīpa*-trees (*viz.,* the lines of the *yantra*).

The third letter ई stands for Viṣṇu, for the etymological significance of the roots of the two are the same (*īyate vyāpnoti*). Pervasion of consciousness throughout experience is indicated by the involvement of the state of deep sleep with this symbol (*suṣuptya-bhimānī prājñaḥ*). It is also referred to as Māyā, the power of cosmic projection and concurrent ignorance of the reality. The letter ई is said to resemble a dark cave, which covers, enclosure and hides.[27]

The fourth letter ल stands for earth (*kṣiti*), the principle that remains isolate from the sensory activity in waking, from mental processes in dream and suggests insensibility to perception (*parokṣa*), beyond the phenomena, and uninvolved.[28] The letter la is actually a symbol of the essential condition of phenomenal existence. That is why it occurs thrice in the *mantra*, suggesting its hidden relevance for the three worlds.

The seed-syllable *hrīṁ* which comes at the end of this group of four letters is not a part of the first unit, but a 'crowning or peak'. *Hrīṁ* is an especially sacred syllable representing the mother-goddess herself. It is a composite sound, consisting of the seed-letter *ha* (meaning 'sky' or 'void'), the sound *ra* (*repha* signifying 'fire'), and the terminal letter *ī* (*Manmatha*), closing with the unmodified nasal *ṁ* (*anusvāra* suggesting dissolution). The first constitute *ha* is said to be white in colour, the second constituent *ra* red in colour, and the third constituent *ī* blue in colour. The three constituents thus represent the three *guṇas* (*sattva*, *rajas*, and *tamas*), which are indistinguishably dissolved in the mother-goddess as *mūla-prakṛti*. A second explanation is also given : ha stands for Śiva, *ra* for Śakti, and *ī* for their union resulting in attar tranquility.

The same seed syllable (*hrīṁ*) is repeated at the end of the second and the third units. Technically hrīṁ is called the 'streak from the heart' (*hṛllekhā*) *viz.*, ardent aspiration of the devotee. This is also considered as the one-lettered *mantra* of Māyā or Bhuvaneśvarī (who not only governs the three worlds but withdraws them into herself). The etymological significance of *hrīṁ* is 'bashful': the phenomenal world as yet withdrawn (*saṅkoca*) is in a state of hiding in her, but it has all the potentialities of unfolding and manifesting. This seed-syllable, which is extensively employed in Tāntrika rituals is described as the tāntrika equivalent of the Vedic Oṁ (*tāntrika-praṇava*). It gives the sense of completion : the letters in each unit of the *mantra* are separate by themselves (*vyaṣṭi*), but the employment of *hrīṁ* at the joints (*kūṭa*) transforms them into a unity (*samaṣṭī*). That is why the position of *hrīṁ* is figuratively described as 'knot' (*granthi*), the first being *brahma-granthi*, the second *Viṣṇu-granthi* and the third *Rudra-granthi*.

The terminal sound *ṁ* (*bindu, anusvāra*) has alone with it the crescent moon (*ardhacandra*) and the invisible powers (*rodhinī, nāda, nādānta, śakti*), which are present only when the seed-syllable is articulated, and not when written. This complex seed-syllable is identified with the supreme mother-goddess (*parā-devatā*), whose presence and power are sought to be packed into the *mantra*. The import of each preceeding letter is imagined as flowing into the succeeding one, and the imports of the entire series to coalesce in the terminal *hrīṁ*.

The first unit, called *Vāgbhava-kūṭa,* is so called because the unit is presided over by the creator both of the material world and of the linguistic forms, Brahmā. And its importance is derived from the fact that it includes the three most important seed-syllables: *ka* from which everything arises and which confers on the devotee the highest benefit of liberation; *la* which brings to the devotee unfailing prosperity; and *ī* which secures all happiness. Thus, this unit is the very substance of the entire Śrī-vidyā, which in its turn is the epitome of all religious lore.[29]

The first *kūṭa,* according to the '*hādi*' tradition, is obtained by replacing the first three letters (*ka, e, ī*) by the sixth (*ha*), the seventh (*sa*) and the first (*ka*) of *Kādi-pañcadaśī.*

Bhāskara-rāya tries to draw out the significance of the famous *gāyatrī* hymn from this unit of *pañcadaśī: ka* standing for "*tat*", *e* for "*savitur vareṇyaṁ*", *ī* for "*bhargo devasya dhī*" and la for "*mahi*". The third quarter of the hymn, being meant by the peak symbol *hrīṁ,* which also includes the inarticulated fourth quarter.[30]

The second unit, called *Kāmarāja-kūṭa,* contains six letters (*ha, sa, ka, ha, la, hrīṁ*), three of which (*ka, la, hrīṁ*) are repetitions from the first: and one letter (ha) is repeated twice in this unit. The two new letters are *ha* and *sa*. The letter ha, when it occurs as the initial letter of this unit, means 'to strike', 'to destroy' (*hanyate,* destruction of the five kinds of bondage and evil); it represents Sun in this context. When the same letter occurs again, it means 'to obtain', 'to reach' (*hīyate, prāpyate*) all that one desires; it stands here for the divine Swan (*haṁsa*) (from the root *ohāṅg*, 'to go').

The other new letter sa is taken to signify helping to enjoy pleasures, mundane and spiritual (*sīyante*, from so, 'to enjoy' or *sū* 'to procreate'); it represents the cool rays of the Moon. The letter *la* (which is also found in the first unit) means here 'plenty' (*ādhikya*), when taken along with the final peak-syllable *hrīṁ* (*viz., lahrīṁ, laharīṁ*). The syllable *hrīṁ* in the second unit, however, has the same significance as in the first.

The third unit, called *Śakti-kūṭa*, has four letters (*sa*, *ka*, *la*, *hrīṁ*) all of which are repetitions from the first or second units. The three letters (*sa*, *ka*, *la*,) taken together, however, mean 'entirety' (*sakala*), *viz.,* all the *tattvas* from the transcendental Śiva to the phenomenal earth (*sa* is symbol for Śakti, and *la* for the earth).

Of the letters that go to form this *mantra, ka* occurs twice and *ha* occurs twice; they signify the Male ingredients (Śiva). The other single letters all belong to the Female (Śakti). The composite seed-syllable *hrīṁ*, which occurs thrice, is both Male and Female.[31]

The three units are representatives respectively of the three cosmic powers; Fire, Sun and Moon;[32] the three goods, Brahmā the creator, Viṣṇu the preserver, and Rudra the destroyer; three supreme values of human life, *dharma* (life in accordance with divine law), *artha-kāma* (wealth and pleasures), and mokṣa (the final freedom from phenomenal involvement); the three aspects of the Vedic lore, Ṛgveda, Yajurveda and Sāma-veda; the three liguistic arrangements (*cchanda*), *gāyatri*, *trishṭup* and *jagatī*.

Each of the units has its own characteristic and collective seed-syllable : *aiṁ* for the first, *klīṁ* for the second and *sauḥ* for the third. The three together constitute the soundbody of the mother-goddess. Hence, the *gāyatrī* for Tripurā takes the following form :

ऐं त्रिपुरादेव्यै विद्महे। कलीं कामेश्वयैं च धीमहि।
सौः तन्नः क्लिन्ना प्रचोदयात्।।

The first unit (represented by *aiṁ*) is the head of the mother-goddess Tripurā; the second unit (*klīṁ*) constitutes her body from the neck below till the waist; and the third unit (*sauḥ*) is the portion of her body below the waist. In the human body, the first unit (*aim*) is the Fire that starts from the basal plexus (*mūlādhāra*) and rises till the *anāhata* in the heart-region; the second unit is the Sun that rises from the *anāhata* and touches the *ājñā* centre between the eyebrows; and the third unit is the Moon that emerges from the *ājñā* centre and touches the top of the forehead (*lalāṭa*).

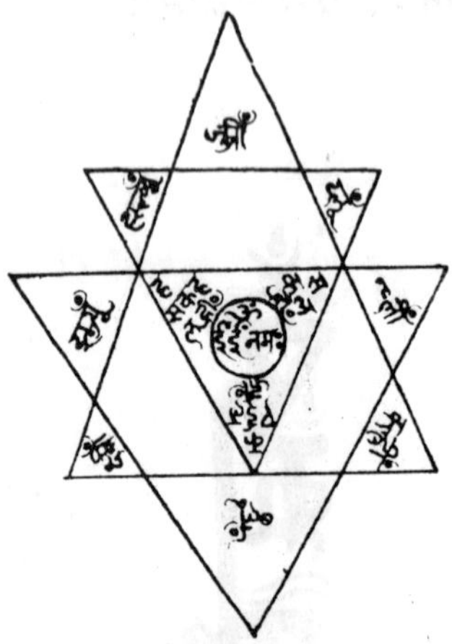

The *pañcadaśī* with the above three *kūṭas* are to be regarded as the stream of sound that rises from the basal *mūlādhāra* centre and goes right up to the thousand petalled lotus on the crown of the devotee's head. This sound passes through the three 'peaks' (*kūṭas*) symbolized by the sound *hrīṁ*, as a thread through the three beads of a rosary.[33]

3. Identity of Yantra and Mantra

Works on Śrī-vidyā insist on the conceptual identity of the visual representation in the from of Śri-cakra with the verbal imagery that is known as *Śrī-vidyā-mantra* (fifteen-lettered *pañcadaśī* or sixteen lettered *ṣoḍaśī*). The two are used conjointly in worship rituals, and each has it́s own thematic specificity and procedure of employment. But the pre . ailing idea in the entire worship is that the two are basically of one nature, one form and one import.

The expression 'Meru' (Sumeru), applies equally to Śrī-cakra and to the *Śrī-vidyā-mantra*.[34] The expression is derived from the ancient mythical lore, common to many Asian countries, that in the centre of the Universe is the most resplendent mountain, made of solid gold and studded with jewels on the slopes, soaring unimaginably high, and that it has three peaks, on the middle of which the heavens are located; the three peaks are said to be the residence of three gods: of Brahmā on the Western peak, of Viṣṇu on the Eastern peak, of Śiva on the Central perk; the base of the mountain is square in shape, each side being differently coloured, and the fourteen worlds are arranged around the base.[35] It is the king of mountains, and the beings that dwell on it are free from sorrow, old age, disease and death. In the Tibetan lore.[36] Meru is the mountain located in the middle of the milky ocean, rising high on a base of four sides, having flights of steps on each side made of gold, silver, sapphire and amber; alround the base are grown the wish-granting trees (*kalpa-vṛkṣa*) decorated with a thousand victory banners fluttering in the breeze. The mountain faces east; and the four continents surround the base. The three peaks of the mountain represent the three diamonds (*vajra*) : body, speech and thoughts.

Śrī-cakra is a representation of the Meru mountain, the king of mountains (*cakra-rāja*); and the idea of three peaks (*tri-kūṭa*) dominates over this conception. Each peak formed like a triangle has three sides; and on each side is a cakra. Thus there are altogether nine *cakras*, *yonis* for enclosures entering into the structure of Śrī-cakra. The *mantra* appropriate to Śrī-cakra also has three parts (*tri-khaṇḍa*), corresponding to the three peaks of the *yantra*. There are again, nine letters (*navārṇa*) in the *mantra* corresponding to the nine enclosures (*navāvaraṇa*) of the *yantra*; and they exhaust the entire Universe. Thus the *mantra* also is a meru.[37]

The *mantra* of *Śrī-cakra* is significantly called *mātṛkā-cakra,* the pattern of seed-letters, arranged, as already explained, in three units representing Moon (Soma), Sun (Sūrya) and Fire (Agni).[38] The supreme deity that presides over the *mantra* as well as the *yantra* is Tripurā, the goddess of three fields. The triad is the dominant motif : the three individual units and the union of the three as the fourth (*turīya*). The three comprehend all the details of the world and spiritual practice, and the fourth (implicit in each of the three) is the highest objective of spiritual endeavour.

The primary triangle (*koṇa-traya*) in the *yantra* along with the central point (*bindu*), as the fourth detail, is regarded as the initial seed-letter *aiṁ* (ऐं, representing the triangle as explained in the previous section, along with the *bindu*), from which the entire *mantra* evolves. The letter ऐं itself is the symbol of union of Śiva (*a*) and Śakti (*ī*). The form of the diphthong ए in Sanskrit is enough to establish the identity of the *yantra* and *mantra*, which are imagined to represent Śiva and Śakti respectively. The central point (*bindu*), like the unmodified nasal *m*, is beyond concrete representation or explicit vocalization. It is regarded as the 'fourth' (*turīya*), implicit in the three concrete units of the triangle. The three units in both the *yantra* and the *mantra* are called *cakras* (or *kūṭas,* or *khaṇḍas*).

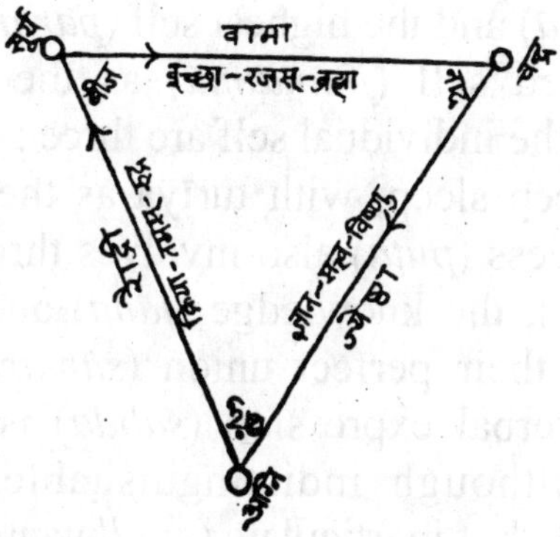

The three *cakras* are : Fire, Sun and Moon, with Brahmā (formless) as the fourth. The three corresponding institutional directions (*āmnāya* or *samayas*) are East, South and West, with North as the fourth ; The spiritual centres (*pīṭhas*) in them are respectively (Kāmarūpa, Pūrṇāgiri, Jālandhara, and Uḍḍīyāna as the fourth; and the three presiding dieties Kāmeśvarī, Vajreśvarī and Bhagamālinī respectively with Mahātripura-sundarī as the fourth. The three powers (Śakti) are : Vāmā (with her consort Brahmā), Jyeṣṭhā (with her consort Viṣṇu) and Raudrī, (with her consort Rudra) with Śāntā ('tranquil') as the fourth; corresponding to these are desire (icchā, associated with Bhāratī, spouse of Brahmā), knowledge (*jñāna*, associated with *Kṣiti*, spouse of Vishṇu) and action (*Kriyā*, associated with Aparṇā, spouse of Rudra). The three principles (*tattva*) are : Self (*ātmā*), liberating wisdom (*vidyā*), and the ultimate good (*śiva*), with entirety (*sarva*) as the fourth. The three selves are : individual self, (*ātmā*), the inner self (*āntarātmā*) and the highest self (*paramātmā*), with the enlightened self (*jñānātmā*) as the fourth. The conditions of the individual self are three : wakefulness, dream and deep sleep, with turīya as the fourth. The cognitive process (*puṭa*) also involves three units :-the knower (*jñātṛ*), the knowledge (*jāna*) and the known (*jñeya*), with their perfect union (*sāmarasya*) as the fourth. The verbal expression (*śabda*) is three-fold : cognizable although indistinguishable (*paśyantī*), distinguishable but inarticulate (*madhyamā*), articulate, expressive and suggestive (*vaikharī*), with 'transcendental' (*parā*) as the fourth.

It may be recalled that the different parts of the Śrī-cakra are inscribed with different groups of letters of the Sanskrit alphabet, each letter symbolizing an aspect of the power of the mother-goddess. In the tradition of *Kailāsa-prastāra* layout. Śrī-cakra symbolizes the identification of 50 letters (*māṭrkā*) with the mother-goddess. The two decorative parts, *viz.,* the surrounding square (*bhūpura*) and the peripheral triple girdle (*tri-vṛtta*), are left out in such inscription. In each of the petals of the sixteen-petalled lotus (*ṣoḍaśa-patraka*), one of the sixteen vowels is inscribed, अ at the eastern entrance, and moving in sequence in the anticlockwise manner. On the petals of the eight-petalled lotus (*aṣṭadala-padma*), groups of consonant letters are inscribed from *ka* to *kṣa*. The vowels here are regarded forms of Śakti, and the consonants of Śiva : thus these two lotuses by themselves signify the conjunction of Śiva and Śakti.

The enumeration of the letters of the alphabet is continued, one letter in each corner, in the fourteen-cornered figure (*caturdaśāra*) inwards till the eight-cornered figure (*aṣṭa-koṇa*). The eight-cornered figure is inscribed with composite seed-syllables; and the primary triangle (*mūlatri-koṇa* or *Vāgbhava*) has in each of its corners a unit (*khaṇḍa*) of the *pañcadaśī-mantra*, the first unit in the eastern corner, facing us when kept horizontally (or at the apex below when held vertically); the second and third units in the two corners on the right and to the left of the apex. The central point is usually left uninscribed, because it is beyond both visual representation and verbal expression. When, however, the point is made to swell into a circle (*ūcchūnā* condition), the foundational male seed-syllable '*Oṁ*' and the seed-syllable specific to the mother-goddess *īṁ* are inscribed.

There is an account of how each of the nine *cakras* in the *yantra* is evolved from the letters included in the fifteen lettered *mantra, pañcadaśī*.

From the latter क occurring thrice in the *pañcadaśī* and signifying the powers of desire, knowledge and action, and from the letter ई which together represent the union of *kāma* and *kalā*, the central point (*bindu*) evolves; this is the first *cakra*. Two subsequent *cakras* (primary triangle and the eight-cornered figure) arise from the complex seed-syllable ह्रीं. The next three *cakras* (comprising the 'preservation aspect' (*sthiti*) evolve from the letter ह occurring twice and from the letter ई respectively. The two peripheral *cakras* (the two lotuses) are derived from the letter स occurring twice. The final *cakra,* (*viz.,* the surrounding square) evolves from the letter ल occurring thrice in the *mantra.*[39]

Each of the cakras has also a specific *mantra.*

1. *Bhūpura* : अं आः सौः।
2. *Ṣhoḍaśa-patraka* : ऐं क्लीं सौः।
3. *Aṣṭa-dala-padma* : ह्रीं क्लीं सौः।
4. *Caturdaśāra* : हैं हस्क्लीं हसौः।
5. *Bahirdaśāra* : हसौः हस्क्लीं क्लस्सौः।
6. *Antardaśāra* : ह्रीं क्लीं ब्लें।
7. *Aṣṭa-koṇa* : ह्रीं श्रीं सौः।
8. *Tri-koṇa* : हस्त्रौ। कस्क्लीं हस्स्त्रौः।
9. *Bindu* : Pañcadaśī or Ṣoḍaśī

REFERENCES

1. अकारः सर्ववर्णाग्र्यः प्रकाशः परमः शिवः।
   हकारोऽन्त्यः कलारूपो विमर्शाख्यः प्रकीर्तितः।।
   अतोऽकार-हकाराभ्यां अहमित्त्यपृथक्तया।
   प्रपञ्चं शिवशक्तिभ्यां क्रोडीकृत्य प्रकाशते।।
2. *Cf.* Varivasyā-rahasya, 2.
3. *Cf.* ककारादि क्षकारान्ता वर्णास्ते शिवरूपिणः।
   अकारादि विसर्गान्ता स्वराः षोडश शक्तयः।।
   शिवशक्तिमया वर्णाः शब्दार्थप्रतिपादकाः।
   शिवः स्वरपराधीनो न स्वतन्त्रः कदाप्यसौ।।
   (Mātṛkā-maṇḍala)
   also देवता मातृका देवी बीजं व्यञ्जनसञ्चयं।

शक्तयस्तु स्वरा देवि षड्ङ्गन्यासमाचरेत्।

(Jñānārṇava)

also समस्त मातृधयातु हला बीजानि शक्तय:।
स्वरा: स्यु: परमेशानि जात्या व्यक्ति तु कीलक:।।
अनिर्वाच्यतां हलां स्वर संयोगेन सुवाच्यत: etc.

(Uttara-tantra)

4. Kāma-kalā-vilāsa, 17

नित्त्यास्तिथ्याकारास्तिथयश्च।
शिवशक्तिसमासाकारा:।।

cf. also दर्शाद्या: पौर्णिमान्तश्च कला: पञ्चदशैव तु।
षोडशी तु कला ज्ञेया सच्चिदानन्द रूपिणी।।

Śiva is likened to the moon's digit that is visible (*darśākhyā cāndrī kalā*), and Śakti to the digits that make the moon visible (*driṣṭākhyā kalā*) *cf.* comm. on Saundarya-Laharī, 1.

(Aruṇāmodinī)

5. षोडशेन्दो: कला भानोर्द्विर्द्वादश दशानले।
सा पञ्चशत्कला ज्ञेया मातृकाचक्ररूपिणी।।

6. त्रिपुरा त्रिविधा देवी ब्रह्मविष्ण्वीशरूपिणी।
ज्ञानशक्ति: क्रियाशक्तिरिच्छाशक्त्यात्मिका प्रिये।।

(Vāmakeśvara-tantra)

7. वागीश्वरी ज्ञानशक्तिर्वाग्भवे मोक्षरूपिणी।
कामराजे क्रियाशक्ति: कामेश्वरी कामारूपिणीं।।

शक्तिबीजे परशक्ति: कामेश्वरी कामरूपिणीं।
एवं देवी त्र्यक्षरी तु महात्रिपुरसुन्दरी।।

8. *cf.* Śrī-vidyārṇava-tantra, 7, section on Śrī-vidyāyāḥ bhedānamuddhāraḥ', pp. 114-115.

9. *cf.* 'Prakāśa' on Varivasyā-rahasya. The following hymn is cited as the mnemonic description of the *mantra* :

The explanation of the words used :

कामों योनि: कमला वज्रपाणिर्गुहा हसा मातरिश्वाभ्रमिन्द्र:।

पुनर्गुहा सकला माया च पुरुच्येषा विश्वमाताऽऽदिविद्या।।

कामः (Eros) = क; योनिः (Source) = ए; कमला (goddess) = ई; वज्रपाणिः (Indra) = ल; गुहा (Skanda) = ह्रीं।। हसा = हस; मातरिश्व (air) = क; अभ्र (Sky) = ह; इन्द्र = ल; (again) गुहा = ह्रीं; सकला = स क ल; माया = ह्रीं;

10. कादेः पश्चादेव हादेरुद्धारः।

11. तत्र कादिर्यथा परा।

12. *eg*. Jñānārṇava, 24, 28

    षोडशार्णा परा विद्या श्रीविद्येत्यमिधीयते।

    cf. also Siddha-yāmala

    कामो माया रामा बाला त्रिकूटा च भगाङ्कुशी।
    काली कामकला कूर्चः सर्वादौ प्रणवः प्रिये।
    श्रीमहाषोडशीयं च या ख्याता भुवनत्रये।
    ज्ञानेन मृत्युहा सर्वाम्नायैर्नमस्कृता।।

13. *Ibid.,* 68-69

    न देया षोडशार्णा हि प्राणैः कण्ठगतैरपि।
    गोपितव्या महाविद्या स्वयोनिरिव पार्वति।।
    उदके लवणं लीनं यथा भवति शैलजे।
    मनों भवति विलीनं पादयोः श्रीगुरोः प्रिये।
    तदा देया महाविद्या कृपया षोडशाक्षरी।।
    राज्यं देयं शिरों देयं न देया षोडशाक्षरी।।

14. *Ibid.,* 64

    वेदशास्त्रपुराणेषु यामलेष्वपि गुप्ता षोडशार्णा etc.

15. षोडशाक्षरी तु श्रीबीजावसायिनी पञ्चदश्यैव।

16. पञ्चदश्यां तुरीयस्वरूपा पञ्चदशी सूक्ष्मरूपेण विराजते।

17. *Cf.* Kāma-kalā-vilāsa, 18.

    षड्त्रिंशत्तत्त्वात्म तत्त्वातीता च केवला विद्या।

18. *Cf.* Subhagodaya

दर्शाद्याः पूर्णिमान्ता पञ्चदशैव तु।
षोडशी तु कला ज्ञेया सच्चिदानन्दरूपिणी।।

19. Varivasyā-rahasya 2, 54, 55.
20. *Ibid.,* 59.
21. ककारस्य आत्मवाचित्वात्।
22. *cf.* Svacchanda-sangraha:

    अशुद्ध शुद्धमिश्राणां प्रमातॄणां परं वपुः।
    क्रोधीश त्रितये न स्य विद्यास्थेन प्रकाश्यते।।

23. यदेदशमेकारं बीजं कोणत्रयात्मकम्। (Catuḥ-śatī)
    also उद्भोलः कामरूपश्च एकारश्च त्रिकोणकः। (Mātṛkā-kośa).
24. त्रिकोणरूपी शक्तिर्बिन्दुरूपः शिवः स्वयम्।
    अविनाभावसम्बन्धस्तस्माद्बिन्दुत्रिकोणयोः।।

    उभयस्यास्य देवस्य विग्रहे यन्त्रकल्पना।
    विना यन्त्रेण चेत्पूजा देवता न प्रसीदति।।

25. *cf.* Padārtha-candrikā on Saundarya-laharī, 1.
26. *cf.* Ḍiṇḍima-vyākhyā on Saundarya-laharī, 1.
27. ईकारस्य गुहावाचित्वादविद्यारूपतया तदवच्छिन्नत्वात्।
28. अविद्यातकार्यसम्बन्धविच्छेदनादसङ्गस्तुरीयः।
29. Śrī-krama, 3, 4.

    ककारे सर्वमुत्पन्नं कामकैवल्यदायकं।
    लकरे सकलैश्वर्यं ईकारे सर्वसौख्यदं।।

    एवं बीजत्रयं देवि विद्यानां सारसङ्ग्रहं।
    वाग्भवं कामराजं च शक्तिं तेन नियोजयेत्।।

30. Varivasyā-rahasya, 1, 43.
31. कद्वयं हद्व्यं चैव शैवो भागः प्रकीर्तितः।
    शक्त्यक्षरणि शेषाणि ह्रींकार उभयात्मकः।।
32. त्रिखण्डं मातृकाचक्रं सोमसूर्यानलात्मकम्। (Rudra-yāmala)

    Sometimes the three units are called Soma-khaṇḍa. Sūrya-khaṇḍa and Agni-khaṇḍa.

33. Varivasyā-rahasya, 1, 21.
34. तश्रीचक्रमपि देवेशि मेरुरूपं न संशयः।
35. *cf.* Bhāgavata, 5, 16, Matsya-purāṇa, 95, 7 and Nārasiṁha-purāṇa 30, 14, 45.
36. *cf.* Ratnākara-śānti, Meru-maṇḍala; in Tibetan, Mandalgyi-choga.
37. नवाक्षरो मेरुरयं ब्रह्माण्डगोलकः।
38. त्रिखण्डं मात्रकाचक्रं सोमसूर्यालात्मकम्।
महालक्ष्म्याः पुरं चक्रं तत्रैवास्ते सदाशिवः।। (Rudra-yāmala)
39. Varivasyā-rahasya, 2, 99, 100.
कत्रितयादोकाराद्बिन्दुर्जातः तदग्रिमे चक्रे।
हल्लेखाभिस्तत्पर चक्रत्रितयं हकाराभ्यां।।
एकारेण च तत्पर चक्रे जाते सकाराभ्यां।
चतुरस्राणि लकारैः एवं विद्याक्षरेण चक्रजनिः।।

CHAPTER III

THE TANTRA OF ŚRĪ-CAKRA

श्रीचक्रं श्रुतिमूलकोश इति संसार चक्रात्मक।
विख्यातं तदधिष्ठिताक्षर शिवज्योतिर्मयं सर्वतः।
एतन्मन्त्रमयात्मिक भिररूणा श्रीसुन्दरीभिर्वृतं।
मध्ये बैन्दवसिंहपीठललिते त्वं ब्रह्मविद्या शिवे।।

(*Durvāsā*)

1. Śrī-Vidyā

Śrī-vidyā is a cult of considerable antiquity, comprehending a *yantra* (*viz,. Śrī-cakra*), a *mantra* (*viz., Pañcadaśī* or *ṣoḍaśī*), and a *tantra* (*viz., Śrī-vidyā*). It is prevalent all over the country, although there are regional variations in the tradition. The *mantra* and the *tantra* thereof are not quite as popular as the *Śrī-cakra,* which is familiar not only to devotees but also to the art-enthusiasts. While the actual worshippers of *Śrī-cakra* are few in number, those who reverence it and keep copies of the sacred diagram either in print or in metal in their homes or places of work are in large numbers. The mere presence of *Śrī-cakra* (even without a ritualistic worship to it) is believed to confer on the faithful material and spiritual benefits.

There are several temples, especially in south India, where the worship of *Śrī-cakra* assumes an important detail. Among them are the temples at Kāñchīpuram (*Kāmakoṭi*), Chidaṁbaram (*Sammelana-cakra*),

Jaṁbukeśvaram (*Lalitā*), Kūrtālam, Avaḍaiyyār-koyil, all in Tamilnāḍu, Śṛṅgeri (*Śāradā*) and Kollūr (*Mūkāṁbikā*) in Karṇāṭaka. There is a legend, without however any foundation, that the great Śaṅkara installed a *Śrī-cakram* in the famous temple at Tirumala-Tirupati, and that the unparalleled prosperity of the temple is to be ascribed to this reason. Inspired by this legend, several temples have begun to utilize the *Śrī-cakra*. There is a temple in Karnātaka (Candalā-Parameśvarī shrine in Sannati in Gulbarga district) which has the *vimāna* on the sanctum shaped like a huge *Śrī-cakra*.

There can be little doubt that the cult of *Śrī-cakra* has a tāntrika background, although efforts are made to relate it to the Vedic tradition. That there were two traditions in the country since very ancient times *viz.*, Tāntrika and Vedic, has been recognized even by the staunch votary of Vedic orthodoxy, Kullūka-bhaṭṭa, (who lived between 1150 and 1300 A.D.).[1] The two naturally involved themselves in rivalry and conflict, but they compromised and interacted equally naturally. The present-day religious ideas and practices in India represent amalgams and fusion of the two traditions in various proportions and degrees. The cults relating to the mother-goddess and female tutellary deities belong to the Tāntrika tradition; the rituals involved in them clearly reveal this background, although symbolisms and interpretations have been in many cases borrowed from the Vedic thought-structure.

Śrī-cakra is essentially worship of the mother-goddess called Lalitā,-Tripurā-Sundarī, Ṣoḍaśī, Rāja-rājeśvarī or merely Devī. Her consorts (*devatās*) and aids (*yoginī*) are also females, and they too receive

worship as 'retinuedivinities' (*parivāra-devatās*). The ritualistic details are also characteristically feminine in emphasis. The diagramatic representation involves the basic form of triangle, the typical symbol of femininity (*yoni*). A degenerate cultic variation recommends the worship of the actual generative organ of the chosen female (*pratyakṣa-yoni*) as the living Śrī-cakra.

The mother-goddess cult in India has crystallized the concept of 'energy-centers' (*śakti-pīṭhas*) associated with places. The mother-goddess who dominates the Śrī-cakra cult is associated with as many as fifty centers in her various forms and aspects, spread all over the country. Twelve of them have been popular : Kāñcīpuram (*Kāmākṣī*), Nepāl (*Kumāri*), Gurjarat (*Aṁbā*),

Mālavā (*Kālikā*), Prayāga (*Lalitā*), Vārāṇasī (*Viśālākṣī*), Vindhyācala (*Vindhyavāsinī*), Gayā, (*Maṅgalā-Caṇḍī*), Banga or Bengal (*Sundarī*), Karavīra or Kolhapur (*Mahā-Lakṣmī*), Assām (*Guhyeśvarī*), and Malaya mountains (*Bhrāmarī*). However, it is in the Kāñcīpuram shrine that the Śrī-cakra cult was active and persistent. It was from here that the cult spread all over the southern part of the country.

Despite the fact that great secrecy was attached to the worship of the mother-goddess in the Śrī-cakra from, a fairly rich literature has grown up on the subject. But this literature does not go back beyond the sixth century, although some of the works (like *Bhāvanopaniṣat* and *Aruṇopaniṣat*) are couched in archaic style. Much of the literary source-material is to be found included in Tāntrika texts dealing with all aspects of the cults (principally *Vāmakeśvara-tantra, Yoginī-hṛdaya-tantra, Śakti-saṅgama-tantra* and *Svacchanda-tantra*), as well as in the manuals based on them but dealing with specific issues (like *Rudra-yāmala, Tripura-rahasya, Kāmakalā, Setubandha, Nityā-ṣoḍa-śikā-kalpa, Paraśurāma-kalpa* and *Varivasyā-rahasya*). While most of the Tāntrika texts are products of the ninth and tenth centuries, the manuals were much latter productions, some of them as recent as the eighteenth century.

The tendency noticeable in many of these manuals is to reconcile the cultic ideas derived from the *Tantra* with the Vedic tradition. Lolla-Lakṣmīdhara, for instance, claims that Śrī-vidyā is actually derived from *Taittirīya-āraṇyaka* (1, 11, 54; 1, 12, 32; 1, 23, 1; 1, 32, 127), and tries to draw parallels between the Vedic *yajña* and the rituals of *Śrī-vidyā*. *Bhāskara-rāya,* to city another instance, derives *Śrī-vidyā* from a hymn in *Ṛgveda*[2] and *Śrī-cakra* from another[3]. It is also claimed that *Śrī-vidyā* is an evolved form of the celebrated Vedic hymnal deity Gāyatrī (*cf. Śrī-vidyā- mantra-bhāṣya, 'Trikāṇḍa-sārātha-bodhinī*, Vīra-rāghava-śāstrī).

Śaṅkara, the reputed advocate of Vedic authority, is claimed in legendary accounts to have been initiated in the tāntrika cult of *Śrī-vidyā* at Vārāṇasī. The principal poetic work in this cult, Saundarya-laharī[4] is ascribed (wrongly, however) to his authorship; a part of his work is said to have been recovered by him from Kailāsa. He is also said to have composed a general work on tāntrika worship, *Prapañcasāra,* a cultic text on Tārā-worship (*Tārā-prābhṛtikā*) and a hymn to a tāntrik deity (*Cintāmaṇi-stava,* according to Bhāskara-rāya). His predecessor, Gauḍapāda, is also claimed to have written two manuals on *Śrī-vidyā* (*Śrī-vidyā-ratna-sūtra* or *Śakti-sūtra* according to Bhāskara-rāya) and *Subhagodaya-stuti* on which there is a commentary by Lolla-Lokṣmīdhara). And his teacher, Govinda, is said to have been the author of a general tāntrika work, *Jayadratha-yāmala,* which was discovered in Nepāl. The Śrī-Vidyārṇava accounts of the lineage of Śrī-vidyā teachers includes all the important names of the Vedic tradition : Kapila, Atri, Vasiṣṭha, Sanaka, Sanandana, Bhṛgu, Sanatsujāta, Vāmadeva, Nārada, Gautama, Śaunaka, Śakti, Mārkaṇḍeya,...... Parāśara, Śuka, Vyāsa, Gauḍapāda, Pārāśarya, Satyanidhi, Rāmacandra, Govinda, and Śaṅkara. From Śaṅkara onwards, the lineage continues through Padmapāda (who wrote Saṁbhandha-dīpikā, a gloss on Prapañcasāra ascribed to Śaṅkara), Bodha, Gīrvāṇa, Ānanda, Viṣṇu-śarmā, Pragalbha and Vidhyāraṇya.[5]

The association of Śaṅkara (author of the *Bhāṣyas* on *Brahma-sūtra, Bhagavad-gītā* and the *Upaniṣad*) with tāntrika cults is very uncertain, and the above account of his tāntrika, lineage can scarcely be truste. His acquaintance with Śrī-vidyā, if indeed there was any, is not even faintly suggested in his Vedāntika writings. He appears to have been entirely ignorant of

Śrī-cakra, if we rely on his well known works Yet, it is remarkable that the pontificates that claim to have been founded by him make him a devotee of Śrī-cakra. However, these pontificates have encouraged the cult of Śrī-cakra, and have contributed considerably to the spread of the cult.

It is probable that Vidyāraṇya (who is regarded as a teacher in Śāṅkara's line) was proficient in the Śrī-cakra cult. A treatise on this cult, *Śrī-Vidyārṇava-tantra* is ascribed to his authorship. Associated with the founding of the Vijayanagar empire (around 1336 A.D.) and with two pontificates Kāñchīpuram and Śṛṅgeri (both owing allegiance to Śaṅkara), he was a great spiritual, social and political force in South India. It may be due to his influence that the *Śrī-vidyā* cult spread in this part of the country. His disciple, Lakṣmaṇa-deśika, who performed a *devīyāga* in the capital of the Vijayanagar empire, must have striven hard to reconcile the *devī*-ideology of the tāntrika tradition and the *yāga* presceriptions of the Vedic tradition. He is the author of a general tāntrika work of considerable celebrity, Śāradā-tilaka, along with its supplement *Tārā-pradīpa.* His disciples are supposed to have popularised the Śrī-vidyā cult in different parts of the country : Mallikārjuna in the Vindhyā region, Trivikrama in Orissa ('Jagannātha'), Śrīdhara in Bengal (Gauḍa, Mithilā and Vaṅga) and Kapardi in Vārāṇasī and Ayodhyā.[6] It was he who provided the literary framework of Śrī-vidyā in the four works : *Tantra-rāja-tantra, Mātṛkārṇava, Tripurārṇava* and *Yoginī-hṛdaya.*[7] It may safely be assumed that the present ideological and ritualistic structures of the cult were crystallized by him.

The glory of the Vijaynagar empire reached its peak during the reign of Kṛṣṇa-deva-rāya (1509-1529 A.D.). Along with the political fortune of the Hindus, the revival and spread of the traditional values of the Hindu culture also took place. It was in this context that the cult of Śrī-vidyā gathered momentum. Lolla-Lakṣmīdhara who was one of the leading scholars in the court of Kriṣṇa-deva-rāya, was the son of Viśvanātha-bhaṭṭāraka (who bore the title 'Modern Vyāsa', *nūtana vyāsa*) in the court of Vīra-rudra, the Gajapati ruler of Orissa. Lakṣmīdhara was also in the Orissa court (of Pratāpa-rudra) before Kṛṣṇa-deva-rāya ascended the throne of Vijayanagar, He wrote a lucid and authoritative commentary on *Saundarya-laharī* ascribed to the great Śaṅkara) and a brief gloss on *Subhagodaya-stuti* (ascribed to Śaṅkara's teacher, Gauḍapāda). The former work became the chief source-material for the later writers on *Śrī-vidyā*. It has remained to this day an indispensable guide for the students of this cult.

Another name associated with the Vijayanagar court as well as the spread of Śrī-vidyā cult is that of Gaṁbhīra-rāya-dīkṣita, who however retired in his later years to Vārāṇasī. His son, Bhāskara-rāya (initiatory name, Bhāsurānandanātha) was a polymath, and he undertook to revive the tāntrika aspects of *Atharva-veda,* which had been lost inoblivion at that time. He was a *Śrī-vidyā* enthusiast and wrote extensively (in Sanskrit). The most significant among his works are *Setu-bandha* (a commentary on *Vāmakeśvara-tantra,* written in 1733 A.D.), *Saubhāgya-bhāskara* (a commentary on *Lalitāsahasranāma,* included in *Brahmāṇḍa-purāṇa*) (1778), *Varivasyā-rahasya* (with his own gloss entitled *Prakāśa*), *Ratnāloka* (a commentary on *Paraśurāma-kalpa-sūtra*). *Guptavatī* (a commentary on *Durgā-sapta-śatī*, included *Mārkaṇḍeya-purāṇa*) and *Bhāṣya* on the *Bhāvanopaniṣat*. He also wrote works on Vedic literature, grammar, prosody, Nyāya, Smṛtī, Vedānta and Mīmāṁsā; he was also a poet.

A South Indian settled in Vārāṇasī, a brilliant scholar in the Vedic and Tāntrika lores and an indefatigable advocate of *Śrī-vidyā*, he had ample opportunities to examine the cultic presuppositions and practices current in different parts of the country, to reconcile them, and to revitalize the essential aspects of the cult. It was he who crystallized the tāntrika point of view of *Śrī-vidyā*. He recognized the need on the part of some of the devotees to resort to the cruder forms of external worship,[8] and the need, on the part of the more advanced devotees, to dispense with the physical and external approach altogether and to worship *Śrī-cakra* as manifested in the human constitution itself.[9] During his day, *Tantra* had become disreputable by degenerate cultic practices, especially to the 'left-handed sect'. Bhāskara-rāya attempted to clarify the real *Tāntrika* outlook, and clear numerous misgivings.[10]

Both Lolla-Lakṣmīdhara and Bhāskara-rāya sought to reorient the cult not only to accommodate the Vedic ideas but to eschew the degenerate practices that had become almost natural and necessary part of the cult. They minimized the value of external rites and practices and emphasized the merit of 'inner worship' (*antar-yāga*), once a fair degree of understanding has arisen. They underlined the prescription given by the *Vāma-keśvara-tantra* (51).

अन्तर्यागात्मिका पूजा सर्वपूजोत्तमा प्रिये।
बहिः पूजा विधातव्या यावज्ज्ञानं न जायते॥

"Best of all forms of worship is inner worship. External worship (*viz.*, ritualistic) is to be resorted to until the dawn of enlightenment."

2. The Primal Model

Both the *yantra* and the *mantra* of Śrī-vidyā emphasize that the Universe is an integrated structure, and that the integrity of the structure derives from the functional unity, or the unity of direction which in turn in due to the presence and power of the mother-goddess. The *yantra* is a concrete model of this integrated pattern, organization of parts in a whole, total unity that is not disturbed by the presence of manifold shapes or multitudinous projections. The same principle is held applicable to the individual constitution (*piṇḍāṇḍa*) also.

Tantra being a practical discipline, its concern is more with the individual than with the Universe. It holds that the individual contains within himself all the essential dimensions of the universe; and that the entire Universe unfolds itself in the development of the individual. It the Universe represents diffusion and separation (*vyaṣṭhi*) the individual represents focussing and compactness (*samaṣti*). The presence and the power of the mother-goddess could, therefore, be discerned more markedly in the individual.

The *Tantra* ideology, as is well-known, works with the human model of *cakra*-organization. The human constitution, in its essential and abstract structure, consists of six centers of organization : *mūlādhāra* at the base of the spinal column (*meru-daṇḍa*),

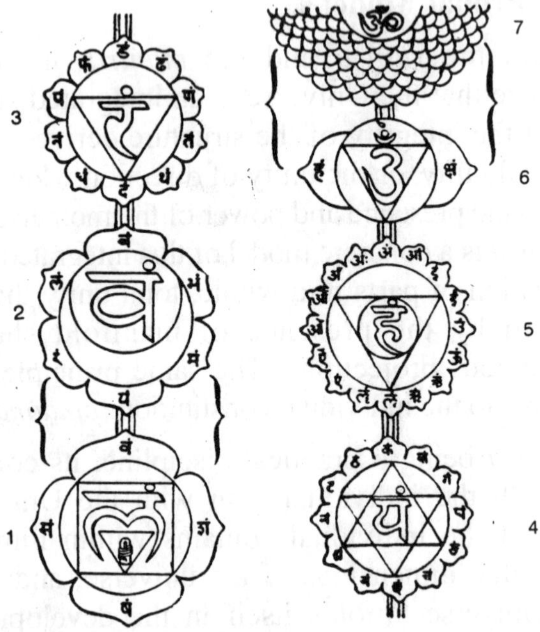

Ṣhaṭ-cakras :

1. Mūlādhāra
2. Svādhiṣṭhāna
3. Maṇipūra
4. Anāhata
5. Viśuddha
6. Ājñā
7. Sahasrāra

svādhiṣṭhāna just below the navel region, *maṇipūra* around the navel region, *anāhata* at the heart, *viśuddha* at the throat, *ājñā* between the eye-brows. These are taken to correspond with the six directional deities (*āmnāya- nāyikās*). In groups of two, they represent the three aspects of the mother-goddess, whose presence it is that renders all these *cakras* active, relevant and integrated : emanation (*mūlādhāra* and *svādhiṣhṭhāna*), preservation (*maṇipūra* and *anāhata*), and absorption (*viśuddha* and *ājñā*). According to a different reckoning (*Kālī-krama*), *mūlādhāra* represents the center of emanation (*sṛṣṭi-cakra*), *svādhiṣṭhāna* the center of preservation (*sthiti*), *maṇipūra* the center of absorption (*saṁhṛti*), *anāhata* the center which is unnameable (*anākhyā*), *viśuddha* the center of illumination (*bhāṣā-*) and *ājñā* the center of final rest (*viśrāma-*).

The features of the *yantra* of *Śrī-vidyā* have been accommodated within this model. The surrounding square (*bhūpura*) and the triple girdle (*tri-vṛtta*) represent the *mūlādhāra* center (emanation, *sṛṣṭi*). The sixteen-petalled lotus (*ṣoḍaśa-patraka*) and the eight-petalled lotus (*aṣṭadala*) that are outside the main pattern correspond to the *svādhiṣṭhāna* center (preservation, *sthiti*); they encompass the essential *yantra* and preserve it. The fourteen-cornered figure (*caturdaśāra*), the outer and inner ten-cornered figures (*bahir-* and *antar-daśāra*) represent the *maṇipūra* center (absorption, *saṁhṛti*). The eight-cornered figure (*aṣṭāra*) and the primary triangle (*trikoṇa*) together correspond with the *anāhata* center at the heart. The central point (*bindu*) in its visible aspect represents the *viśuddha* (*anākhyā*) center, and in its invisible aspect the *ājñā*-center or illumination (*bhāṣā*). The transcendental import of the entire *yantra* is beyond the *ājñā* center stretching till the mystical thousand-petalled lotus (*sahasrāra*) on the crown of the head, which in fact is the seat of the mother-goddess.

The Samaya-system prescribes the worship of the abstract *Śrī-cakra* in one or more of the above bodily centers, excluding *mūlādhāra* and *svādhiṣṭhāna* (which *sahasrāra*, worship may be conducted with increasing advantage from center to center. Worship at *maṇipūra* will lead the devotee very near the mansion of the mother-goddess (*sārddhe*); worship at *anāhata* helps him get into the mansion and behold the mother-goddess from a distance (*sālokya*); worship at viśuddha helps him approach the mother-goddess in close proximity (*sāmīpya*); worship at *ājñā* makes him acquire the same form as that of the mother-goddess (*sārūpya*). These benefits are insignificant in comparision with the absolute union with the object of the devotee's devotions at the sahasrāra center; it is of the nature of 'highest bliss' (*parānanda*).[11]

The bodily centers are grouped into three units or knots (*granthi*), one represented by Rudra at the *svādhiṣṭhāna* center, another by Viṣṇu at the *anāhatas* center, and the third one by Brahmā at the *ājñā* center; corresponding to the triple-girdle (*vṛtta-traya*) immediately within the surrounding square, which represents the thousand-petalled lotus. The devotee meditates on the identification of this peripheral reality with the central point (the focus of Śrī-cakra).

The *viśuddha* and *ājñā* centers correspond to the 'Moon' part (*soma-khaṇḍa*) of Śrī-cakra, and are said to comprehend the sixteen vowels of the alphabet. The *maṇipūra* and *anāhata* centers constitute the 'Sun' part (*sūrya-khaṇḍa*) and comprehends twenty-five consonants from *ka* to *ma*. The *mūlādhāra* and *svādhiṣṭhāna* centers correspond to the 'Fire' part (*agni-khaṇḍa*) and comprehend the other ten consonants (*ya* to *kṣa*). The three parts are alike manifestations of the seed-syllable *hrīṁ,* which is the verbal form of the mother-goddess. Right above the 'Moon'-part is the seat of the Moon, identical with Vishṇu; and right above the 'Fire'-part is the seat of the Fire, *viz.,* Rudra. The three divinities symbolize the three-fold powers of the mother-goddess: emanation, preservation and absorption.

Mūlādhāra and *svādhiṣṭhāna* together are designated by the unit-symbol aim; *maṇipūra* and *anāhata* together by *Klīm*; and viśuddha and ājñā together by *sauḥ;* the three symbols standing for Fire, Sun and Moon respectively. They also correspond with the three aspects of sound : *paśyantī, madhyamā* and *vaikharī,* and to the three units of the *yantra* (*trikoṇa and aṣṭ akoṇa, daśāra-dvaya* and *caturdaśāra, aṣṭadala* and *ṣ oḍaśa-patraka*), excluding *trivṛtta* and *bhūpura.* They further symbolize the three involvements of conscious transactions : *pramāṇa* (means of cognition, *pramātā* (the subject who cognizes) and *prameya* (the objects cognized); the three instruments of knowledge : individualized conscious- ness (*buddhi*), ego (*ahaṇkāra*) and mind (*manas*); and the three values of life : *dharma* (life according to divine law), *artha* (wealth) and *kāma* (pleasures).

From *mūlādhāra* to *viśuddha* are ten principles (five *bhūtas* : earth, water, fire, air and *ākāśa*; and five *tanmātras* : smell, taste, form, sound and touch). From there till *ājñā* are eleven organs (five sense-organs, five organs of action, and mind). These twenty-one principles are accommodated within the main portion of Śrī-cakra (from the *bindu* to *caturdaśāra*). Beyond this (*viz.,* beyond the 'Monn'-part), is the triple girdle (*trivṛtta*) and surrounding square (*bhūpura*). The four corners of *bhūpura* represent the four legs of the cot on which the pure *sattva* (*sadāśiva*) rests as a plank (*trivṛtta*). The four legs of the cot symbolize the four principles : *māyā* (Brahmā), *śuddha-vidhyā* (Viṣṇu), *maheśvara* (Rudra) and *sadāśiva* (*Īśāna*). Together, the picture symbolizes twenty-five *tattvas*. The mother-goddess unites with the twenty-fifth *tattva*, *viz.,* Sadāśiva, and their union itself is the twenty-sixth *tattva* (*śiva-śakti-yoga*). It is this *tattva* of union that brings about, pervades and governs this entire Universe of matter and spirit.[12]

The imagery of the cot on which the mother-goddess rests is symbolically significant. The four legs of the cot stand for the four principles underlying the phenomenal world : emanation (*sṛṣṭi,* Brahmā), preservation (*sthiti,* Viṣṇu), dissolution (*upasaṁhāra,* Rudra) and withdrawal of the entire world into the subtle and hidden state (*tirodhāna, Īśvara*). The plank poised over the four legs (*paryaṅka*) represents the fifth principle of the reception and retention of the with drawn phenomena in a seed state until the occasion for re-emanation occurs (*anugraha,* Sadāśiva). The four principles represented by the four legs are incorporated in the fifth principle in its causal condition and in the form of latency.

The five principles are said to be offsprings of the mother-goddess : Brahmā from her right eye, Visnu from her left eye, Rudra from her eye on the forehead, Īśvara from her navel, and Sadāśiva from her heart. The underlying symbolism is that these five deities are merely differentiated manifestations of the mother-goddess herself.

Further, *Kāmikāgama,* describes the human body as the island of nine precious stones (‘*deho nava-ratna-dvīpaḥ*’) representing the nine cakras of the *yantra* of Śrī-cakra.[13] The reference is to the traditional imagery of the island of nectar-ocean (*sudhā-sindhu*), in which the mansion of the mother-goddess (*cintāmaṇi-gṛha*) occurs, surrounded by wish-fulfilling *kadaṁba*-trees. Intentions are these wish-fulfilling trees (*saṇkalpāḥ kalpa-taravaḥ*) which sprout on the vast island of consciousness (individuated) ands surround the inner spirit of man (*jīva*), *viz*., the mansion of the mother-goddess.

The human body, according to the above account, has nine constituents (*dhātus*), five derived from Śakti and four from Śiva. (even as the triangles in Śrī-cakra). The constituents derived from Śakti are : skin, blood, flesh, fat and bone those from Śiva are : marrow, semen, breath and vitality.[14]

3. KĀMA-KALĀ

The basic theme of Śrī-cakra, in its *yantra* as well as in its *mantra* aspects, is the recognition of the fundamental principle of all existence and experience, 7*kāma-kalā*. The deity of Śrī-vidyā, *viz.,* Tripura-sundarī (Lalitā, Śrī-cakra-*rāja-rājeśvarī*) is the personification of this principle. Kāma is a common word meaning ‘desire’, but its technical usage goes back to the Ṛgvedic hymn called *Nāsadīya-sūkta.*[15] Its meaning in the Vedic context as well as in the Tāntrika literature is urge, impulsion, without an extraneous stimulation. It is the primordial, in fact original, stress in the form of movement. It is a throb (*spanda*) which brings about sound (*nāda*).

The Tāntrika ideology gives the following account. The essential reality, Śiva, is mere effulgence : consciousness without a subjective background or objective context, but containing the potentials of a transactional nature (having subject-object relations). Its phenomenal involvement begins with a surge of consciousness, prompted solely by its own nature. This is technically known as *prakāśa* ('illumination'). This initial spurt of awareness enters into the energy (*Śakti*) as actualized deliberation or immediate experience, technically called *vimarśā* (which is sometimes rendered as 'Inspiration'). The operation of the actualization is likened to the mirror reflecting the form of oneself[16] : this is the background condition for all phenomenal evolution.

Stress-involved illumination (*prakāśa*) and the deliberate and immediate actualization in experience thereof (*vimarśā*) are respectively white (pure sattva or contentless consciousness) and red (*rajas* or tendency towards dynamism) in colour. When the former moves in the direction of the latter, the initial 'sperm' (*bindu*) is former which is of mixed (red and white) colour. This is the stuff of which the Universe is made. When subsequently the latter moves in the direction of the former in response to the initial movement, the *bindu* swells and becomes the primordial expression or original sound (*nāda*), which is the feminine counterpart of the *bindu*. Śiva is the *bindu*, symbolized by the initial vowel 'a' in the alphabet; Śakti is the *nāda* symbolized by the final consonant '*ha*'. Their original union is symbolized by the word '*aham*' (meaning 'I', providing the subjective framework for phenomenal experience).[17]

When the *bindu* and the *nāda* unite, a compound *bindu* emerges, bearing pure affinity to the male Śiva as well as the female Śakti. This represents the original impulsion being actualized, providing the possibility of a phenomenal setting. It is this that is called *Kāma*. This is a compound (*miśra*) *bindu*, without any intentionality, direction or evocative energy by itself. Bit it has two inseparable ingredients : a white drop representing the male factor and a red drop representing the female energy, together constituting the twin details of productive energy. Emanation is symbolized by the letter '*ka*', and absorption by the latter '*la*', the two being involved invariably in all phenomenal processes. Thus, this pair of drops goes by the name of *Kalā*.

The three *bindus* (the primary *bindu* in its isolate character, and the secondary ones in their male-female actualizations) are represented by three dots, one above and two below it thus providing the corners of a possible triangle.

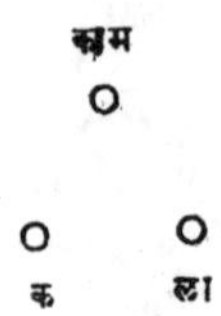

The dot on top (*bīja*) represents the unmodified nasal (*anusvāra*) in the alphabet (all the vowels comprehended), belonging to Śiva; and the two dots below (*bindu* and *nāda*) the unmodified sibilant (*visarga*), suggesting creation, emanation and projection. The top dot is Śiva, the two dots below are Śakti and *nāda* (union of Śiva and Śakti). The three dots again, represent the three fundamental powers in the entire Universe, *viz.*, the original intention to manifest or *kāma*, on the part of the supreme, and intention (*icchā*) at the phenomenal level; the original awareness of this primal impulse cit-śakti, and phenomenal cognitions (*jñāna*); and the original action of phenomenalization, which the *bindu* in fact represents, and the phenomenal action (*kriyā*). Thus, the three sections of *pañcadaśī* or the *mantra* of Śrī-cakra are basically involved in a triangle, called Kāma-kalā, *Kāma* is the union of Śiva (Kāmeśvara) and Śakti (Kāmeśvarī), and *kalā* is the concrete manifestation thereof.[18]

The symbolism of the three dots which together provide the main idea of a triangle, (consisting of a bent line, *vakra-rekhā*, the two ends of which are joined by a straight line, *ṛju-rekhā*) is rich and elaborate. The triangle constitutes the *kāma-kalā*, the top dot (angle) standing for '*kāma*' (the primodial desire to evolve), and the two lower dots (angles) representing the actual emanation and the subsequent withdrawal. The dot representing '*kāma*' is described as the source (*bīja*), an undifferentiated intention-and-actualization (*śiva-śakti, prakāśa-vimarśā*), being the preliminary condition necessary and sufficient) for the phenomenal projection, which is figuratively known as Vāmā (literally 'that which vomits fourth the phenomenal context', *vamati viśvam iti*), a goddess. The other lines emanating from the two dots, '*ka*' and '*la*', are the twin aspects of actualization, actual emanation and final absorption, *prakāśa* (illumination) and *vimarśā* (immediate experience). The two lines are figuratively known as Jyeṣṭhā (primordial nature or *mūla-prakṛti*, literally 'the first-born') and Raudrī (the goddess of dissolution or absorption). The three lines symbolize the three *guṇas* or aspects of phenomenal projection and three presiding gods : *sattva*-Brahmā, *rajas*-Viṣṇu, and *tamas* Rudra. At the apex of the triangle (*viz.,* the top dot) is placed the Sun (*sūrya,* from the root '*sū*', 'to project'); the right corner (or dot) is the place of Moon (*candra,* from the root '*cadi*' to please' and 'to nourish'); and the left corner (or dot) of the Fire (*agni,* which is the Sun on earth, the principle of dissolution and absorption).[19]

Iconographically the dot on top (Brahmā) suggests the face of the mother-goddess, and the twin dots below (Hari-Hara) the breasts of the mother-goddess. *Yoginī-hṛdaya-tantra* prescribes that the devotee must contemplate on the entire triangle (*kāmakalā*) as his own body[20], the top dot as his head and the two dots below as two sides of his body; the straight line at the base (*ṛjurekhā*) as his foundational posture (*āsana*) and the line to the left going up to the apex as his effort (*sādhanā*) and the line to the right coming down from the apex as the descent of the grace of the mother-goddess.

That the three dots actually constitute a unity (in the form of a triangle) is philosophically significant. *Śāradā-tilaka-tantra* says : "The transcendental *śakti* differentiates itself in a tripartite manner : *bindu* (point), *nāda* (sound), and *bīja* (source).

This is why the concept of 'triad' is very important in Śri-vidyā.[21] The mother goddess is called Tripurā[22], and she has three forms in which she is worshipped : (1) gross or physical (*sthūla, kāyika*) in the human form, (2) subtle or verbal (*sūkshma, vāchika*) in the form of *pañcadaśī* or *ṣoḍaśī* and (3) transcendental or mental (*parā, mānasa*), in the form of an abstract but all-inclusive power. In the first, she is worshipped by external rites (*bahir-yāga*), either at home (for ones own benefit, *svārtha*) or in public places like temples etc., (for the good of the community, *parārtha*). In the second form, she is worshipped without external rituals but through 'inner sacrifice' (*antar-yāga*), by means of articulation of the *mantra* and meditation upon its symbolism. In the third form, the body is looked upon as the temple, and soul the mother-goddess installed in it ; and worship is offered only mentally (*bhāvanā*).

There are two significant traditions in the worship of Śrī-cakra current in the country. Śrī-cakra is designated as the 'yantra-in-space' (*viyat-cakra*). And space is two-fold : outer (physical) space, and inner (psychic) space. Śrī-cakra is worshipped as a physical *yantra* by the group of devotees known as *Kaulas*. '*Kula*' means home, community, family, village, or forest. It also means Śakti, and '*akula*' means Śiva; the harmonious relation between the two is styled as '*kaula*'. Whatever the meaning, worship here is mainly through elaborate rituals in a community context, and to a concrete representation of Tripura-Sundarī associated with the physical representation of Śrī-cakra. The earlier *Kaulas* worship the *yantra*, especially the primary triangle with the central point within it (*yoni*), while the latter (and degenerate) *Kaulas* worship the *yoni* (ganerative organ) of a maiden, according to Lakṣmīdhara[23].

This form of worship is regarded as inferior to the worship of Śrī-cakra at heart (inner space) resorted to by the group of devotees known as *Samaya*. The expression samaya signifies symbolism in a three-fold way : symbolism of yantra (*cakra-rahasya*), symbolism of *mantra* (*pañcadaśī-rahasya*) and symbolism of worship (*pūjā-rahasya*). Worship is here carried on in ones own body, by contemplating on the harmony (*sāmya*) between the *cakras* in ones own constitution. The harmony is four-fold : correspondence between the six bodily *cakras* and the units of the *yantra* : correspondence between the four sides of the central point (*bindu*) and the *sahasrāra*; identity of Śiva-and-Śakti with the *bindu*; and harmony of the union of Śiva and Śakti with the devotee's body. Contemplation of these harmonies is the main procedure adopted in the Samayạ worship.

This mode of worship dispenses with concrete images and external rituals. The devotee carries on contemplation on the four-fold harmony in perfect solitude, and with great austerity. The canonical basis for this worship is given as 'five auspicious scriptures' (*śubhāgama-pañcakra*), prepared by the five sages Vasiṣṭha, Śuka, Sanaka, Sanandana and Sanatkumāra. This approach is recognized as proper by the Vedic tradition, which rejects the *Kaula* method (established by sixty-four tantras like *Maya-saṁhāra. Yogī-nirjalā, Mālinī-vidyā* etc.), as 'uncivilized and lowly',[24] for they concern themselves only with physical powers and material gains and prescribe practices which are vulgar and erotic. There is also a 'mixed tradition' (*miśrakam*, containing elements from both the *Kaula* and the Samaya traditions), represented by a collection of eight texts (called *Candra-kalā-vidyāṣṭaka*): *Candra-kalā, Jyotsnāvatī, Kalānidhi, Kulārṇava, Dakṣiṇāmūti-saṁhitā, Bārhaspatyam, Bhuvaneśvarī-tantra and Durvāsā-mata.*

According to Lakṣmī-dhara, the Samaya outlook holds that the Śrī-cakra is actually identical with the moon (*candra-maṇḍala*) located in the head of every man within the thousand-petalled lotus.[25] Flooding the entire psychophysical constitution, the goddess residing in this moon's orb within, enters through the central channel, Suṣumnā, and sleeps in the basal pit (*ādhāra-*

kuṇḍa) in the form of a serpent. This is the Kuṇḍalinī-power which becomes the central theme of the Tāntrika theory and practices.[26]

Śrī-vidyā, in fact, is called 'the lore of the lunar digits' (*candrakalā-vidyā*). The five *Saṁhitās* constituting the Samaya outlook (*śubhāgama-pañchaka*) explain in great detail how the fifteen letters of the *mantra* correspond with the fifteen digids of the moon in each fortnight commencing from the first day (pratipat), when 'the moon comes out of the sun' and ending with the fifteenth day (when all the digits of the moon come out, it is the bright fortnight, and all the digits returns to the sun if it is the dark fortnight). The separation of the fifteen digits of the moon from the sun is 'full moon' (*paurṇāmāsī*), and the identification of all the moon's digit in the sun is 'new moon' (*amāvāsyā*). The sixteenth digit (*ṣoḍaśi-kalā* or *śrī*), however, is present in each of the digits, which are called '*nityās*'. The Samaya worship is accorded to all the fifteen digit each day, whereas the Kaulas confine their worship to the digit that is specific to the day of the fortnight.

The digit are invoked as forms of the mother-goddess. The first digit is called Mahā-tripura-sundarī, the second Kāmeśvarī, and the third Bhagamālinī. These three together constitute the primary triangle, which is the immediate unfoldment of the central point (*bindu*), *viz.,* the mother-goddess. Other digits are called Nityaklinnā (4th), Bheruṇḍā (5th), Vahni-vāsinī (6th), Mahā-vidyā or Vajreśvarī (7th), Raudrī (8th), Tvaritā (9), Kula-sundarī (10th), Nīla-patākā (11th), Vijayā (12th), Sarva-maṅgalā (13th), Jvālā (14th) and Mālinī

(15th). Hidden and subtle in all these digits is the ṣoḍaśī (16th), the essential source of light for all the digits : it is the *mūla-vidyā*.

These lunar digits are identified with the several aspects of the yantra (Śrī-cakra), and this is the characteristic feature of the *meru-prastāra*, as was mentioned earlier. They are accommodated in the petals of the sixteen-petalled lotus, as one vowel in each petal and in the eight-petalled lotus as two letters in each petal, representing the days of the fortnight. Excluding the first two (which together constitute the central point) the remaining fourteen digits are accommodated in the fourteen-angled figure. The sixteen vowels, standing for the sixteen lunar digits, are abbreviated in the letter ए (the first part of which is '*a*') and *sa* (which symbolizes the final *visarga* in the vowel group) of *pañcadasī*. The two letters are regarded as 'vital digits' (*jīva-kalā*) and are combined to form the central point (*bindu*). The consonants beginning with *ka* and ending with *ma* are accommodated with the eight-angles figure and in the two ten-angled figures. The nine letters beginning with ya are accommodated (repeated twice) in the fourteen-petalled lotus, and the remaining four letters are accommodated in the four Śiva-fields. This is *Kailāsa-prastāra*.

Lunar involvement in Śrī-cakra is also explained with reference to the kuṇḍalinī-lore in the *Sanatkumāra-samhitā* of the Samaya tradition (*cf*. also Lakṣmī-dhara on *Saundarya-laharī,* 32). The sun and the moon, presiding over the 'path of the gods' an the 'path of the ancestral spirits', move along the *iḍā* and *piṅgalā* channels in the human body, day and night, respectively.

The moon, moving along the left channel, sprinkles life-giving nectar over the 72,000 ducts (*nāḍī*). But the sun, moving along the right channel, drues up the nectar so sprinkled. When the sun and the moon meet in 'the basal pit' (*ādhāra-kuṇḍa-mūlādhāra*) it is the new-moon (*āmāvāsyā*). All the lunar digits of the dark fortnight emerge from this source. The Kuṇḍalinī power sleeps in the 'basal pit' during the dark half of the month.

When, however, the *yogi* can keep with the help of the wind the moon in the lunar sphere and the sun in the solar sphere, the moon and the sun being arrested in their movement, become incapable of oozing out the nectar and drying it up. Then the fire from the *svādhiṣṭhāna* center, setablaze by the wind in the body, dries up the store of nectar in the 'basal pit'. The Kuṇḍalinī power is thus starved, and so rises up like a serpent, pierces through the three knots (*granthi*), and entering the thousand-petalled lotus on the crown (*sahasrāra*) bites the moon that is located in the center of this lotus. The nectar that oozes out of the bitten moon, floods the lunar orb that is situated on top of the *ājñā* center (between the eye-brows). Then the entire body is flooded by the flow of nectar.

The moon's orb that is situated on top of the *ājñā* center consists of the fifteen digits (*pañcadaśa-nityāḥ*) of the moon. The moon that is located in the center of the thousand-petalled lotus is the aspect of pure consciousness (*cit-kalā*), pure bliss (*ānanda-rūpa*), the very self (*ātmā*), Tripura-sundarī.

The 'basal pit' (*ādhāra*) is dense darkness (*andha-tāmiṣra*), the world of darkness (*miśra-loka*). So is the *maṇipūra*, which, although the seat of fire (agni), contains water which reflects the sun which is the previous center, The *anāhata* center (in the heart region) is a bright world (*jyotir-loka*). Above it, the v*iśuddha* center (in the throat) is the lunar world (*candra-loka*) that flows from the moon. However, owing to contact with the sun, there is no moon light in these two centers. It is only the topmost center, *viz.* thousand-petalled lotus (on the crown of the head) that is the world of moon-light (*jyotsnā-loka*). The moon that shines there has unchanging and unfading digits (*nitya-kalā*); the lunar orb here is Śrī-cakra. In the Śrī-cakra design, the primary triangle is the 'basal pit', eight-angled figure is the *svādhiṣṭhāna* center, the inner ten-angled figure is the maṇipūra center, the outer ten-angled figure is the *anāhata* center, the fourteen-angled figure is the *viśuddha*-center, four 'male' triangles constitute the *ājñā* center, and the central point is the thousand-petalled lotus, the seat of the mother-goddess.

There are many derivative deities from the *Śrī-vidyā.* Each of the deities presiding over the nine fields of the Śrī-cakra (*cakra-nāyikā*), as well as the union-deities in the fields (*yoginī*), is given an iconographic from, a specific seed-syllable, and a ritual placement. Three deities are regarded as significant adjuncts to the Śrī-cakra (*tripurā-trividhā devī*), helping the devotee to accomplish his end while worshipping the *yantra.* They are endowed with personalities, and their own *yantras*. They receive worship as independent divinities, although in fact they are merely 'retinue spirits'.

The first of them, also the most important of the three, is called (Bālā-tripurā), She is imagined as an enchanting young maiden (*jagat-tritaya-mohinī*) or as a girl of sixteen (*ṣoḍaśī*), the mother-goddess in her juvenile condition. Those who are unable to approach Śrī-cakra directly are advised to take recourse to the worship of Bālā in her own *yantra*, given below, and through her own *mantra*, consisting of three letters (*tryakṣarī*) *viz., Aiṁ, Klīṁ, Sauḥ,* which is, in fact, widely employed in the worship of the mother-goddess and the fifteen-lettered *pañcadaśī* is regarded as an evolution of the three letters, each serving as a unit (*kūṭa*). The full formula of *pañcadaśī* takes this form:

ऐं। क ए ई ल ह्रीं। क्लीं। ह स क ह ल ह्रीं। सौः।
स क ल ह्रीं।

and the gāyatrī of Śrī-vidyā is :

ऐं त्रिपुरादेवि विद्महे। क्लीं कामेश्वरी च धीमहि।
सौः तन्नः क्लिन्ना प्रचोदयात्।।

The first letter (*aiṁ,* ऐं) is described as the seed of the formula (*vāgbhava*). It presents desire (*icchā*), the second letter knowledge (*jñānā*) and the third action (*kriyā*). Dakṣiṇā-mūrti (the cognition-oriented from of Śiva) is the ṛshi of this *mantra*, the *chandas* is paṅkti, the devatā is *Bālā-tripura-sundarī*. The purposes of the *mantra* are to attain. The purposes of the *mantra* are to attain knowledge and literary skill, conquer the forces of evil and untimely death and to secure prosperity.

The *yantra* of Bālā is a shortened version of Śrī-cakra, consisting of nine angles formed by the commingling of three triangles (two of Śakti and one of Śiva), surrounded by a lotus of eight petals, each of which represents a *śakti-pīṭha* (presided over by a deity:

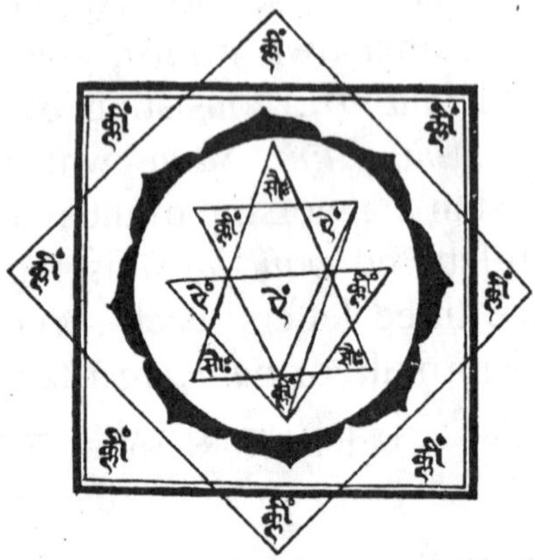

Kāma-rūpa (Subhagā), Malaya (Bhagā), Kollagiri (Kollūr) (Bhaga-sarpiṇī), Cauhāra (Bhagamālī), Kulāntaka, (Anaṅgā) Jālandhara (Anaṅgādyā-kusumā), Oḍḍīyāna (Anaṅga-mekhalā) and Koḍḍha (Anaṅga-madanā).[27] The whole pattern is enclosed within a square on which is superimposed another square as to form an eight-cornered figure, the corners being guarded by eight divinities : Vetāla, Agnijihvā, Kālāntaka, Kapālin, Ekapāda, Bhīma, Malaya and Hāṭaka.

Bālā is also projected as a personality : three-eyed divinity adorned with the crescent moon, youthful and brilliant like the rising sun, wearing red clothes, seated upon a pink lotus, and holding in her hands a rosary and rod. Her *dhyāna-śloka* is :

रक्ताम्बरां चन्द्रकलावतंसां
समुद्यदादित्यनिभां त्रिणोत्रां।

विद्याक्षामालाभयदामहस्तां
ध्यायामि बालां अरुणाम्बुजस्थाम्।।

The second divinity is *Mantriṇī* ('consellor to the mother-goddess' *viz.,* the wisdom personified). She is also called Śyāmalā ('dark in complexion), and Mātaṅgī (or Rājamātaṅgī, in her capacity to function like the gateway to Śrī-vidyā). Her *mantra* takes the following from :

ऐं क्लीं सौः ऐं ह्रीं श्रीं अं

or alternately

ह्रीं श्रीं क्लीं ऐं।

or, again ऐं हीं श्रीं ऐं क्लीं सौः ओं नमो भगवति श्री राजमातङ्गीश्वरि ऐं।

She symbolizes the second unit of the *pañcadaśī-mantra,* and therefore she has this formula-form :

ह्स्रैं ह स क ह ल ह्रीं हस्त्रौः।

Her *yantra* is given below :

She is imagined as a lady with two arms, holding the stringed instrument, *Viṇā,* in one hand and a bowl of liquor (symbolizing the liberating bliss born out of wisdom) in the other. In this form, she is named Sampatpradā-bhairavī ("the devotee's associate that brings all prosperity").

The third divinity is Daṇḍa-nāthā ('lady-commander of the forces' of the mother-goddess, symbolizing the might of *Śrī-vidyā*). She is also called Vārāhī ('the hog-faced one', or the great consumer) who destroys the evil forces that obstruct the devotee's progress, and leads ultimately to *Śrī-vidyā.* Her *mantra* is :

ऐं ग्लौं ऐं ओं नमो भगवति वार्तालि वाराहि वराहमुखि।

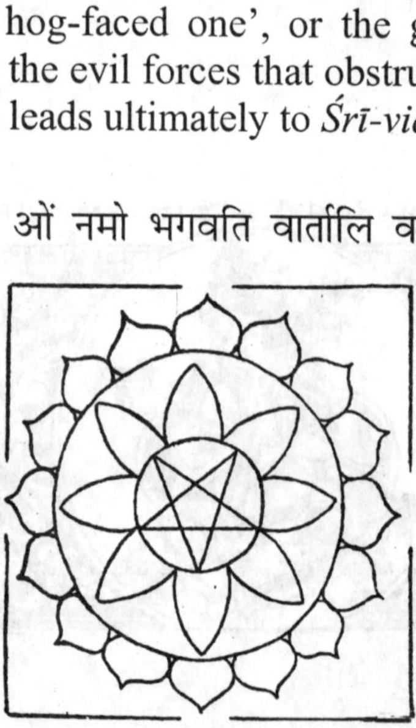

As she represents the third unit of the *pañcadaśī-mantra,* her formula-form is :

स्हैं स क ल ह्रीं स्हौः।

She is imagined as an eight-armed and three-eyed lady with the face of a hog, seated under a palmyra tree, and functioning as the trusted attendent of the goddess (*devīcittānusāriṇī*). In this form she is named Caitanya-bhairavī ("the devotee's associate that is strength").

Still another divinity associated with Śrī-cakra is Pratyaṅgirā, whose involvement is mainly with magic and sorcery : she is considered as a powerful repellent of the influences generated by witch-craft. In the Śrī-cakra worship, she protects the devotee against all odds, and guides him along the right path.

She is imagined as dark in complexion, terrible in aspect, riding a lion, entirely nude or wearing black garments and holding a trident. Her *mantra* is :

ह्रीं क्षं प्रत्यङ्गिरे क्लीं ह्रीं क्ष हुं फट् सौः

or, alternately,

ओं ह्रीं नमः कृष्णवाससे शतसहस्त्रहिंसिनि सहस्त्रवदने महाबले अपराजिते प्रत्यङ्गिरे पर सैन्यविध्वंसिनि पर मन्त्रोत्सादिनि सर्वभूतदमनि। सर्वदेवान् बन्ध बन्ध, सर्वविद्याशिछिन्दि छिन्दि, क्षोभय क्षोभय, पर यन्त्राणि स्फोटय, स्फोटय लास्त्रो सर्वश्रृंखलांस्त्रोंटय त्रोटय, ज्वलज्ज्वालाजिह्वे करालवदने प्रत्यङ्गिरे ह्रीं नमः।

She is represented in many forms. But has significance is uniformly to drive away the hordes of enemies, sins and evil designs.

REFERENCES

1. श्रुतिश्च द्विविधा वैदिकी तान्त्रिकी चेति।

   (on Manu-saṁhitā, 2, 1) also *cf.* Bhāgavata 11th skandha:

   वैदिकी तान्त्रिकी मिश्र इति त्रिविधो मखः।

   cf. also Agni-purāṇa, 372, 34.
2. चत्वार ई विभ्रति क्षेमयन्तः, R.V. 5, 47, 4
3. त्र्यर्यमा मनुषो तेवताता स्त्री रोचना दिव्या धारयन्त 5, 29, 1
4. (ed. by J. Woodroffe : Tantrik Text Series, Vols, 3, 18 and 19; also in the Works of Śaṅkara Series, Vāṇivilās, vols. 19 and 20).
5. Śrī-vidyārṇava-tantra, 1, 52-60.
6. *cf.* Śrī-vidyārṇava-tantra, 1, 96, 97.
7. *Ibid.,* 1, 99.
8. *cf.* his Tripura-sundarī-bāhya-varivasyā.
9. *cf.* his bhāṣya on Bhāvanopaniṣat.
10. *cf.* his bhāṣya on Kaulopaniṣat.
11. Saundarya-laharī, verse 99, *cf.* Jakkaṇāmātya's gloss on it. *cf.* also

    आधार स्वधिष्ठानमणिपूरानाहतविशुद्धाज्ञाचक्रात्मकं श्रीचक्रं त्रिखण्डं सोमसूर्यानलात्मकम्।

    एवं सोमसूर्यानलाः पिण्डाण्डब्रह्माण्डे आवृत्त्य वर्तन्ते।

    पिण्डाण्ड ब्रह्माण्डयोरैक्यात् पिण्डाण्डावृतिरेव ब्रह्माण्डावृतिरिति रहस्यम्। ....पिण्डाण्डमतीत्य वर्तते सहस्रार वर्तते सहस्रार कमलम्। तच्च जयोत्स्नमयो लोकः। तत्रत्यश्चन्द्रमा नित्यकलः। षोडशकलानां षोडशनित्यात्मकत्वात् (सुभगोदये)।

    (Lakṣmī-dhara).

12. शिवशक्त्यात्मकं सिद्धं जगदेतच्चराचरं।
(चर is पिण्डाण्ड and अचर is ब्रह्माण्ड)

13. *cf.* Ḍiṇḍima-bhāṣya, on Saundarya-laharī, 24.

14. त्वगसृङ्मांसमेदोऽस्थिधातवः शक्तिमूलकाः।
मज्जाशुक्ल प्राणिजीवधातवः शिवमूलकाः।।
नवधातुरयं देहो नवयोनिसमुद्भवः।
दशमो योनिरेकैव पराशक्तिस्तदीश्वरी।
यत्पिण्डाण्ड समुत्पन्नं तद्ब्रह्माण्डमुद्भभौ।
पञ्चभूतानि शक्तीनि मायादीनि शिवस्य तु।।
माया च शुद्धविद्या च महेश्वर सदाशिवौ।
पञ्चविंशतितत्त्वानि तथैवान्तर्भवन्ति ते।।
शिवशक्त्यात्मकं विद्धि जगदेतच्चराचरम्।।

(Kāmikāgamā)

15. Ṛgveda, 10, 129.

16. Kāma-kalā-vilāsa, 2

17. Śiva-sūtra :

अतोऽकारहकाराभ्यां अहमित्यपृथक्तया।
प्रपञ्चं शिवशाक्तिभ्यां क्रोडीकृत्य प्रकाशते।।

also Kāmakalā-vilāsa

अहङ्कारौ शिवशक्तिशून्याकारौ परस्पराश्लिष्टौ।

18. तस्य कामेश्वराख्यस्य कामेश्वर्याश्च पार्वति।
कलाख्या सविलासाख्या च ख्याता कामकलेति या।

19. रविरूपबिन्दुं मुखं कृत्वा तस्याधो दहनशीतांशू बिन्दुद्वयं स्तनयुगं कृत्वा etc.

(Saubhāgya-vardhanī, 19) also cf. नमोमहाबिन्दुमुखो चन्द्रसूर्यस्तनद्वयौ

(Rudra-yāmala)

20. Catuḥ-śatī.

बिन्दु सङ्कल्प्य वक्त्रं तु तदधस्तात्कुचद्वयं।
तदधश्च हरार्धं तु चिन्तयेत्तदधोमुखम्।।

तत्र कामकलारूपामरुणां चिन्तयेदिह।
ततस्तेनैव रूपेण निजरूपां विचिन्तयेत्॥

cf. also मुखं बिन्दुतया भाति तदधस्तद् द्विबिन्दुकं।
कुचद्वयतया ज्ञेयं अधस्ताच्च त्रिकोणमिति।

(quoted in Tātparya-dīpinī on Saundarya-laharī, 19). The expression *'harārdha'* in the above verse means triangle (*yoni*) which is placed below the dots to represent the generative organ.

21. तिस्रः पुर स्त्रिपथा विश्चर्षणी यत्राकथा अक्षरा संनिविष्टा।
आधिष्ठायेनमजरा पुराणी महत्तर महिमा देवतानाम्॥

(Tripuropaniṣat)

22. त्रिकोणं मण्डलं चास्या भूपुरं च त्रिरेखकं।
मन्त्रोऽपि त्र्यक्षरः प्रोक्तः तथा रूपत्रयं पुनः॥

त्रिविधा कुण्डली शक्तिः त्रिदेवानां च सृष्टये।
सर्वं त्रयं त्रयं यस्मात्तस्मात्तु त्रिपुरा मता॥

(Kālikā-purāṇa)

23. commn, on Saundarya-laharī. 41.

24. बाह्यपूजा न कर्तव्या कर्तव्या बाह्यजातिभिः।
सा क्षुद्रफलदा नृणां ऐहिकार्थैकासाधनात्॥

बाह्यपूजार ताः कौलाः क्षपणाश्च कपालिकाः।
दिगम्बराश्चेतिहासाः वामकास्तन्त्रवादिनः।
अन्तराराधनपरा वैदिका ब्रह्मवादिनः।
जीवन्मुक्ताश्चरन्त्येते त्रिषु लोकेषु सर्वदा॥

(Sanat kumāra-saṁhitā)

समयाचारो नाम आन्तरपूजारतिः कुलाचारो नाम बाह्यपूजारतिः इति रहस्यम्।

(Lakṣmīdhara's gloss on Saundarya-laharī, 8).

25. Commn. on Saundarya-laharī, 10.

26. Vāmakeśvara-tantra.

भुजङ्गाकार रूपेण मूलाधारं समाश्रिता।
शक्तिः कुण्डलिनी नाम बिसतन्तुनिभाऽशुभा॥

The last word, *aśubhā,* means "luminous for a moment, like lightning" *kṣaṇa-prabhā vidyun-nibhā*).

27. नवयोन्यात्मकं यन्त्रं बहिरष्टदलावृतं।
गृहेण पुनर्वीतं पूजनाय लिखेत्सुधीः॥

SUPPLEMENTARY NOTE ON
BĀLĀ-TRIPURĀ

The Bālā-yantra has already been mentioned. It is an important variant of Śrī-cakra, and is in vogue among numerous *sādhakas*. Some more details are, therefore, given here.

They *yantra* of Bālā-tripurā (regarded as the juvenile version of Śrī-vidyā) is a design with nine corners (*nava-yoni*) representing nine triangles (six feminine and three masculine), enclosed within an eight-petalled lotus, the whole surrounded by a square with portals on the major directions (*bhūpura*) or by two squares intersecting.

The central triangle (the seat of Bālā), which is feminine, is inscribed with the seed-syllable *Aiṁ,* the bottom triangle (also feminine) with the next syllable *Klīṁ,* and the triangle to its right (masculine) with the third seed-syllable Sauḥ. The *mantra* of Bālā (ऐं क्लीं सौ:) is repeated in the same order on the other triangles. It will be seen that the three male triangles will contain the three male members of the *mantra*, *viz., Sauḥ*. It will also be noted that the *mantra* occurs, thrice in this delineation.

The eight petals of the lotus will contain the gāyatrī version of the *Bālā-mantra* :

क्लीं त्रिपुरादेवि विद्माहे। कामेश्वरी धीमहि।
तन्नः क्लिन्ना प्रचोदयात्।

The eight petals also represent the eight seats of Śakti worship : Kāmarūpa, Malaya, Kollagiri, Cauhāra, Kulāntaka, Jālandhara, Oḍḍiyāna and Koḍḍha. Worship is conducted in these petals for the eight forms of the mother-goddess : desire (*icchā*), wisdom (*jñāna*), action (*kriyā*), desire-filled (*kāminī*), desire-fulfilling (*kāma-dāyinī*) pleasure (*rati*), pleasure-loving (*rati-priyā*), delightful (*nandā*) and maddened mind (*manonmanī*).

The surrounding square (or intersecting squares) contains the consorts that protect the devotee from harm: Tripurāntaka, Vetāla, Agnijihvā, Kālāntaka, Kapālin, Ekapāda, Bhīma-rūpa, Malaya and Hāṭṭa-keśvara, The guardians of the eight directions (Indra, Yama etc.) are also located on the cardinal points.

The *Bālā-mantra* has several variants. One has only three units : ह्रीं क्लीं ह्सौः ; another has six units, the original *mantra* of three letters followed by the same letters in the reverse order : ऐं क्लीं सौः क्लीं ऐं; still another has nine units : श्रीं क्लीं ह्रीं ऐं क्लीं सौः ह्रीं क्लीं श्रीं; there is also a ten-unit *mantra* called *daśārṇa*: ऐं क्लीं सौः बाला त्रिपुरे स्वाहा।

The fourteen-unit *mantra* runs thus :

ऐं क्लीं ह्सौः बाला त्रिपुरे सिद्धिं देहि नमः।

It includes a statement of intention. The first unit symbolizes speech (*vāk*), the second desire (*kāma*) and the third the void of the sky or contentless consciousness (*vyoma*).

The seventeen-unit *mantra* is an expansion of this: स्क्लीं क्ष्म्र्यं ऐं त्रिपुरे सर्ववाञ्छितं देहि नमः स्वाहा। The first composite unit represents the sage Bhṛgu (*sa*), Brahmā the creator (*ka*), action (*la*), fire (*ra*), peace (*śānti, ī*) and the moon (*ṁ*). The second unit includes the last letter of the alphabet (*kṣa,* symbolizing the entirety of speech), fire (*ra*), the principle of destruction (*mahākāla, ma*) the serpent-energy (*kuṇḍalinī, ṛ*) Viṣṇu, the preserver (*ya*) and the moon (*ṁ*). The third unit is the seed of speech (*vāg-bīja*).

Likewise, the following are other variants :

ह्रीं ह्रीं ह्रीं प्रौढत्रिपुरे आरोग्यमैश्वर्यं देहि स्वाहा।
ह्रीं श्रीं क्लीं त्रिपुरा मदने सर्वं शुभं साधय स्वाहा।
ह्रीं श्रीं क्लीं परापरे त्रिपुरे सर्वेप्सितं साधय स्वाहा।।

The iconographic representation of Bālā is given in the following hymn for contemplation. She is pictured here as a young lady red in complexion, with three eyes, adorned with moon on the head, with four hands carrying goad, noose, book and rosary :

पाशाङ्कुशौ पुस्तकमक्षसूत्रं
करैर्दधाना सकलामरार्च्या
रक्ता त्रिणेत्रा शशिशेखरेऽयं
ध्येयाखिलध्यैं त्रिपुरात्र बाला।।

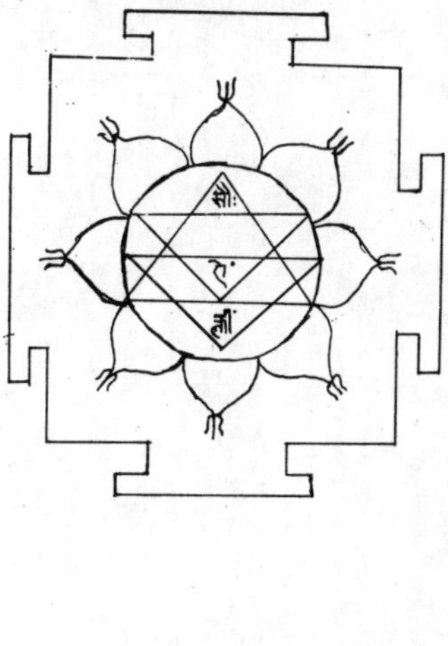

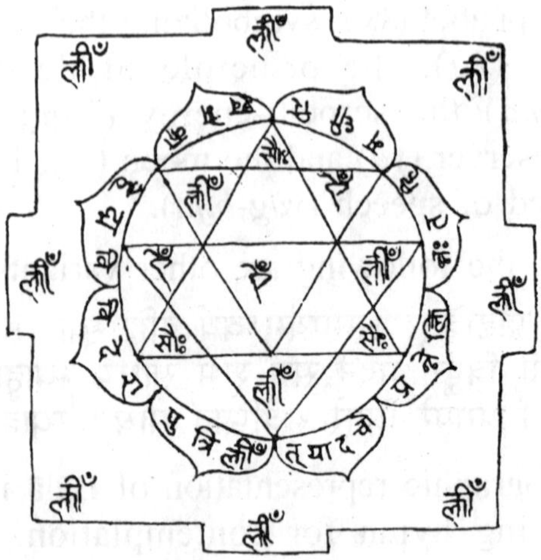

Bālā-yantra

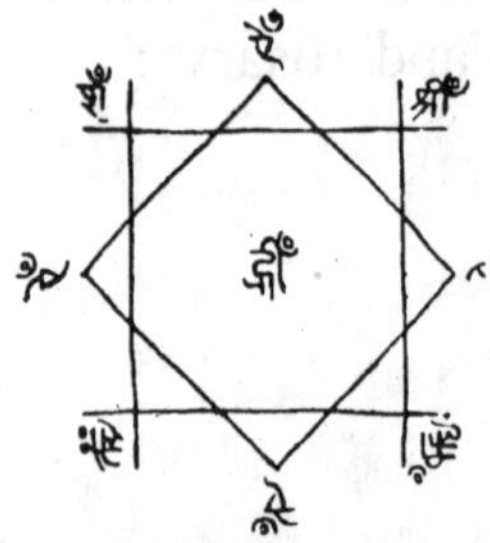

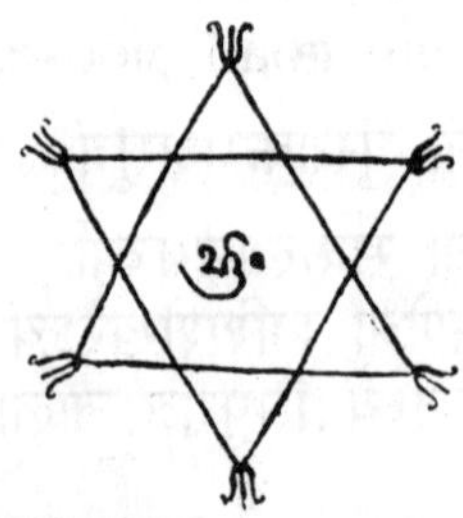

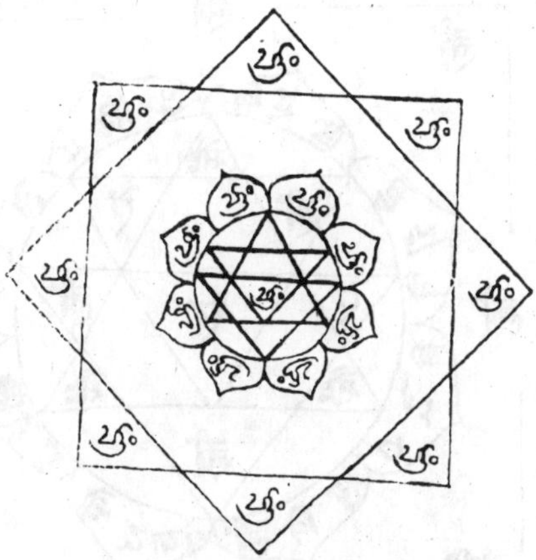

Bāla-Yantra

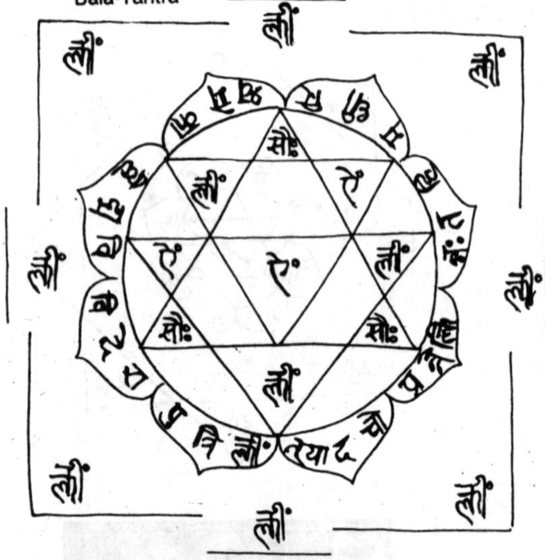

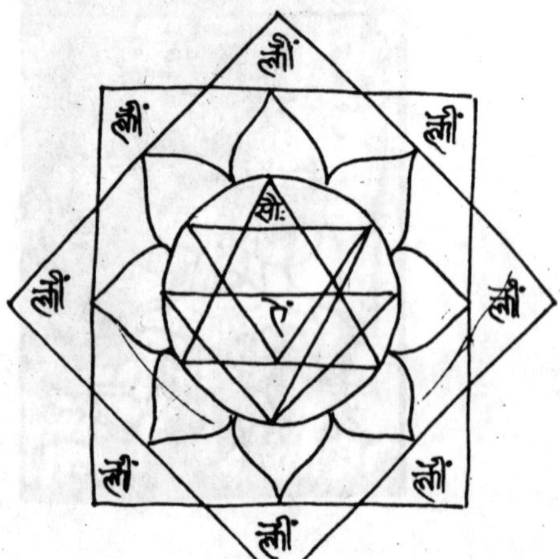

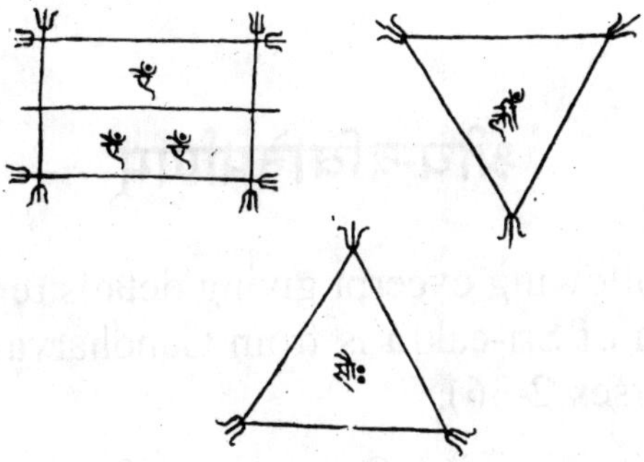

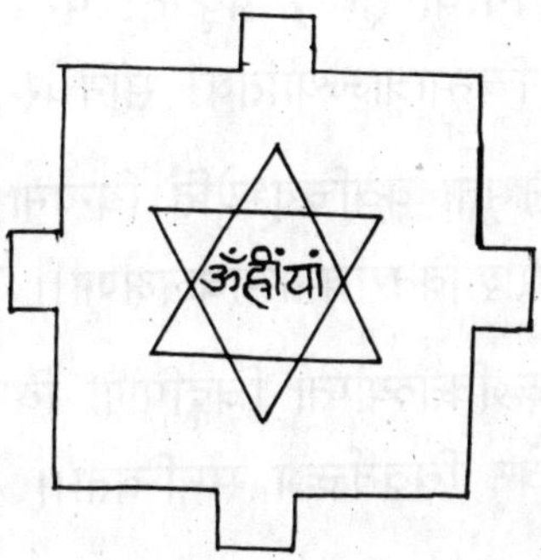
ॐह्रींयां

श्रीयन्त्रविनिर्माणम्

The following excerpt giving details regarding the preparation of Sri-cakra is from Gandharva-tantra, 5th paṭala, (verses 2-36).

सैवमालोच्य सर्गादौ सच्चिदानन्दरूपिणी।
समस्ततत्त्वसंयोगात् स्मृत्यधिष्ठानरूपिणी।।

व्यक्तीकरोति नित्या (या) प्रकृतिः परमः पुमान्।
सा तत्त्वसंज्ञा चिन्मात्राज्ज्योतिषः संनिधेस्तथा।।

विचिकीर्षुर्योनिभूता क्वचिद्भ्येति बिन्दुना।
अतिव्यक्ता पराशक्तिरविनाभावलक्षणा।।

अखण्डपरचिच्छक्तिर्व्याप्ता चिद्रूपिणी विभुः।
समस्ततत्त्वभावेन विवर्तेच्छा समन्विता।।

प्रयाति बिन्दुभावं च क्रियाप्राधान्यलक्षणम्।
बैन्दवं मातृचक्रस्य त्रिरूपत्वं पुनर्भवेत्।।

बिन्दुः शिवात्मकस्तत्र बीजं शक्त्यात्मकं स्मृतम्।
तयोर्योगे भवेन्नादस्तेभ्यो यच्चिन्तयाम्यहम्।।

तस्मात् तानि च चक्राणि तत्प्रकारः प्रकथ्यते।
ततः प्राङ्मुख आसीनश्चक्रोद्धारं समारभेत्।।

हेमरूप्यादिताम्राणां पट्टे चातिमनोहरे।
चतुरस्त्रे समे शुद्धे मध्योच्छूनविभूषिते।।

युग्माङ्गमिलितं देवि पट्टस्येह समीरितम्।
अथमा परमेशानि बभौ चक्रं समालिखेत्।।

हस्तमात्रमिते शुद्धे गोमयेनोपलेपिते।
सिन्दूररजसा तत्र कुङ्कुमेनाथ वा प्रिये।।

आलिखेच्चक्रराजं च लेखन्या हैमया तथा।
अथवा कुशमूलेन दर्भपाणिः समहितः।।

नेत्ररम्यं यथा चक्रं तथा कुर्याद्विचक्षणः।
प्रतीच्यग्रं लिखेदेकं त्रिकोणं तदुपर्यथ।।

पूर्वत्रिकोणमध्याग्रं त्रिकोणं तदुपर्यथ।
पूर्वत्रिकोणमध्याग्रं त्रिकोणन्तरमालिखेत्।।

अथ सन्धिद्वयं भित्त्वा प्रागग्रं विलिखेत् परम्।
त्रिकोणमध्यगं चक्रमष्टकोणं तथा भवेत्।।

ततो दशारचक्रस्य निर्माणं श्रुणु पार्वति।
दक्षिणोत्तरगा रेखास्तिस्रो यास्तत्र तास्वपि।।

मध्यरेखां परित्यज्य रेखे द्वे परिवर्धयेत्।
तेन षट्कोणकं कृत्वा सन्धिभेदे चतुष्टयम्।।

कृत्वा रेखाद्वयं कुर्याद् दशकोणं यथा भवेत्।
तथान्यद्दशकोणस्य निर्माणं परिकिर्त्यते।।

दक्षिणोत्तरगास्वेवं रेखाः पञ्च भवन्ति याः।
तासां रेखां त्रयं मध्ये हित्वा पूर्वापरं तु तत्।।

बाह्यरेखाद्वयं देवि पूर्ववत् परिवर्धयेत्।
तेन षट्कोणकं कृत्वा सन्धिभेदचतुष्टयम्।।

कृत्वा रेखाद्वयं कुर्याद् दशकोणं यथा भवेत्।
चतुर्दशारचक्रस्य निर्माणं कथ्यतेऽधुना।।

दक्षिणोत्तरगास्त्वेवं रेखाः सप्त भवन्ति याः।
तासां रेखा त्रयं हित्वा बाह्ये पूर्वापरं ततः।।

दीर्घं रेखाद्वयं मन्त्री पूर्ववत् परिवर्धयेत्।
तेन षट्कोणकं कृत्वा सन्धिभेदचतुष्टयम्।।

दशारीकृत्वा तेनैव सन्धिभेदचतुष्टयात्।
रेखाद्वयं बहिः कुर्याद्रेखाः स्युर्नव चैव व।।

कल्पयेदथ तस्याग्रैरन्यकोणचतुष्टयम्।
एवं चतुर्दशारं स्याद्विलोचनमनोहरम्।।

एवं निष्पादिते चक्रे यद्भवति च तच्छृणु।
मध्ये त्रिकोणमेव स्यात् तन्मध्ये बिन्दुरिष्यते।।

चतुर्णामपि चक्राणां बहिरग्रास्त्रिकोणकाः।
त्रिचत्वारिंशच्च गुणिता योनयोऽष्टौ च शोभनाः।।

मत्स्या द्वादश सम्पन्नाश्चतुष्कोणोपशोभिताः।
ग्रन्थयोऽष्टादशापि स्युः षट्पथा ग्रन्थयोऽपरे।।

चतुर्विंशतिसङ्ख्यताः शोभनास्ते चतुष्पथाः।
अष्टकोणकगर्भं तु चतुष्कोणत्रयं तथा।।

दक्षिणोत्तरपूर्वासु दिक्षु सम्भवन्ति क्रमात्।
दक्षिणोत्तरगास्तत्र नव रेखा भवन्ति हि।।

नव रेखास्तथैवान्या वह्निवायुदिगायताः।
तत्र ये पञ्च देवेशि साधकाभिमुखाग्रकाः।
त्रिकोणास्ते शक्तयः स्युः पञ्च तत्र शुभोदयाः।।

पूर्वाग्रा ये तु चत्वारो वह्नयस्ते प्रकीर्तिताः।
एवं चक्रं विनिर्माय बाह्ये वृत्तं विलिख्य च।।

तेनाष्टदलपद्मस्य निर्माणं तद्बहिस्तथा।
वृत्तेन षोडशदलं लिखेत् पद्म मनोहरम्।।

वृत्तत्रयं तु तद्बाह्ये तद्बाह्ये चतुरस्त्रकम्।
त्रिरेखं भूपुरं विद्धि चतुर्द्वारोपशोभितम्।।

एवं भवन्ति चक्राणि बिन्दुनैव नव क्रमात्।
वृत्तत्रयं महेशानि न पूजायां निगद्यते।।